동료에게 말 걸기

동료에게 말 걸기

옆 사람과 대화하면서 세계를 바꾸는 방법   박동수

민음사

소크라테스나 보들레르라는 이름의 가치는
쓸모 있는 생각을 통해서 입증되어야 하는 것이지
그 이름들이 생각의 가치를 보증하는 일 따위는 없는 것이다.
— 김영준, 『작가, 업계인, 철학자, 스파이』

우리가 틀렸는지 아닌지 어떻게 알 수 있는가?
'다시 시작함'으로써 알 수 있다.
— 브뤼노 라투르, 『존재양식의 탐구』

[들어가며]
내가 발 딛고 선 곳에서

출판 편집자는 책 속에 있는 말의 가치를 믿는 사람이다. 말은 일상에도 방송에도 유튜브에도 넘쳐 나지만, 책은 단순한 슬로건으로 요약되거나 표현될 수 없는 복잡한 말이 존재하는 장소다. 책 속의 말에는 복잡한 사태를 복잡한 말로 더 정확히 전달하려는 노력이 깃들어 있다. 여기서 편집자의 역할은 저자와 독자 사이에서 '줄타기'를 하는 것이다. 저자에게는 좀 더 쉽게 써 달라고 요청하고, 독자에게는 복잡한 이야기를 차분히 읽어 달라고 권한다.

나는 철학책 편집자를 자임한다. 철학책을 주로 편집할 뿐 아니라 이 일을 천직처럼 여긴다는 뜻이다. 예나 지금이나 철학책을 좋아하고, 철학이 여전히 중요하다고 믿는다. 철학은 세상의 복잡한 사태를 가장 복잡한 언어로 이야기하고자 한다. 철학이 난해하고 어렵게 느껴진다면, 그것은 사태의 복잡함에 충실하려는 비타협적 태도 때문일 것이다.

그러나 때로는 그런 충실함이 현실에서 지나치게 밀어

지는 결과를 낳기도 한다. 현실로부터 추상된 말을 심층 분석하는 일에만 몰두하다 보면, 정작 그 말이 나온 현장과 맥락을 잃어버릴 수 있다. 그렇게 철학은 현실과 멀어지고 사변적 유희로 변한다.

철학이 평범한 삶의 지저분한 현실을 잊지 않으려면 어떻게 해야 할까? 책상 위에서 벗어나 세상 속으로, 사람들 사이로 들어가야 한다. 현장에서 세계를 보는 법을 몸소 배운다. 이를 위해 인류학의 방법이 필요하다. 인류학자들은 오래전부터 이런 고민을 해 왔다. 팀 잉골드는 인류학이 "사람 속에서 사람과 함께하는 철학"[1]이라고 정의한다. 인류학의 접근법과 철학의 전통을 교차시키는 것. 나는 그것이 오늘의 철학이 추구해야 할 방향이라고 생각한다.

한국어로 철학을 한다는 것

하지만 사람과 함께하는 철학을 한다는 것은 결코 쉬운 일이 아니다. 실제로 이 책을 이렇게 쓰기까지 많은 고민이 있었다. 돌파구는 동료에게서 나왔다. 나의 편집자 신새벽은 철학이 현실에서 멀어지지 않도록 붙잡아 주었고, 독서

---

[1] 팀 잉골드, 김지윤 옮김, 『팀 잉골드의 인류학 강의』(프롬북스, 2020), 13쪽.

모임을 함께하는 동료 편집자들은 기획을 명료히 할 수 있도록 의견을 기꺼이 나눠 주었다.

'한국어로 철학하기'를 구현해야 한다는 주문은 책을 쓰는 내내 편집자가 반복해서 주입한 사상이다. 한국어로 철학하기는 서양에서 나온 철학 사상을 한국 사회에 적용한다는 뜻도 아니고, 우리만의 고유한 것을 맨땅에서 만들어 내자는 뜻도 아니다. 그것은 철학적 개념을 우리가 서 있는 자리의 현실 상황에서 이해하고, 다시 나의 고민과 연결시키는 것을 말한다. 이를테면 사랑과 돌봄 같은 문제를 개념적으로 논하는 데 그치지 않고, 신혼 생활을 시작하며 내 몸으로 겪은 가사 노동의 경험과 연관시켜 사유하는 것이다.

철학을 현실 세계에서 빼내기보다는 오히려 현실 세계 안에 집어넣는 것. 그리고 철학의 바깥으로부터, 철학의 조건들로부터, 노동과 예술과 과학과 사랑과 정치로부터 '경험을 통해' 배울 줄 아는 것. 이것이 한국어로 철학하기가 걸어가는 길이다. 이때 철학은 누구나 가진 고유한 경험의 복잡함을 복잡하게 사유하는 일이 된다. 내가 발 딛고 선 그 자리가 오늘의 철학이 필수적으로 통과해야 할 일종의 의무 통과점이 되는 셈이다.

내가 발 딛고 선 곳에서 철학을 다시 시작한다는 것은 철학 자체에 천착하거나 철학의 사회적 쓸모를 고민하는 것이 아니라, 내가 서 있는 자리 한복판에서 끝까지 생각하는 것을 말한다. 나의 생각을 주어진 현실과 범주의 한계까지 밀고 나갈 때, 우리는 거기에 철학이라는 이름을 붙일 수 있다. 이때 철학이란 생각에 선행하는 어떤 고정된 사물이나 사상이 아니라, 생각을 끝까지 밀고 나가는 행위와 그 결과물에 붙여지는 이름이다.

약도 그리기

오늘의 철학은 골방에서 나 홀로 사유한다고 나오지 않는다. 오늘의 시대, 오늘의 문학과의 만남 속에서 오늘의 철학으로 가는 실마리를 발견해야 한다. 여기서 문학이란 모든 쓰인 것들, 그려진 것들, 말해진 것들, 행해진 것들을 아우른다. 문학 작품에 철학 이론을 적용하는 게 아니라, 오늘의 철학을 통해서 오늘의 경험을 더 잘 읽게 되는 것이 목표다. 삶에 문학을 더하고, 다시 문학에 철학을 더함으로써 오늘의 삶을 더 성찰적으로 이해할 수 있게 되는 것이다.

이 책은 오늘의 문학과 오늘의 철학을 접붙인다. 한 권의 책이 아니라 두 권의 책, 때로는 세 권이나 네 권의 책을 함께 읽는다. 철학책 편집자로서 내가 잘하는 일이 한 가지 있다면, 현재 진행 중인 여러 철학적 논의와 동시대의 여러 책을 한데 엮어서 하나의 원을 그려 내는 일이다. 그것은 길 안내를 위해 일종의 약도를 그리는 일과 비슷하다.

약도는 정밀한 지도가 아니다. 행정 경계를 정확히 재현하는 작도법적 지도와 달리, 손으로 그리는 약도는 내가 걸어간 길을 다른 이들이 따라갈 수 있도록 대략의 방향을 제공하는 것을 목적으로 한다. 팀 잉골드가 말하듯 "약도 위에 선을 그리는 것은 마치 이야기하는 것과 같다."[2]

이 책도 그런 약도와 닮았다. 내가 읽은 책들의 흔적 사이로 그려지는 길이며, 내가 살아온 경험들로 이루어진 구역이다. 다른 사람이 걸어갔다면 꽤나 달라지겠지만, 내게는 이 길이 곧 나의 철학 이야기를 이룬다. 그러니 여기서 나는 내가 걸어온 이야기를 내 방식대로 들려주고 있을 뿐이다. 이 책은 그 작은 길들을 하나로 묶어 놓은 것이다.

이 책에서는 여러 철학책을 다룬다. 명시적으로 철학책이 아닌 경우도 많다. 에세이든 사회학이든 문학이든 그 안에 깃든 철학적 사유를 읽는다. 지금 한국 한복판에서 일어나고 있는 철학 이야기를 찾아서 주로 2024년과 2025년에 출간된 책들을 손에 들었다. 사람들은 '지금 여기'라는 표현을 자주 쓰지만, 정작 지금 여기의 삶과 철학을 진지하게 들

---

[2] 팀 잉골드, 김지혜 옮김, 『라인스』(포도밭출판사, 2024), 185쪽.

여다보는 경우는 드물다. 이 책은 오늘의 현실을 살아가며 자기 삶과 시대를 비평하는 동료들과 함께 지금 여기를 탐구하려는 시도다. 동시대에 나온 책들을 발 빠르게 읽으며 비평하는 일은 때로는 위험하다. 너무 가까워서 거기에 담긴 난점이 잘 보이지 않을 수 있기 때문이다. 그러나 나는 그 위험을 감수하기를 택했다. 결과에 대한 판단은 독자의 몫으로 남겨 둔다.

1부 '철학이 시작되는 곳'에는 노동의 현장과 가족, 지역의 이야기를 엮었다. 프랑스의 파리와 랭스, 한국의 김해와 경주를 오간다. 19세기 파리의 평민 철학자, 20세기 랭스 출신의 사회학자, 21세기 김해 출신의 비평가가 한자리에서 만난다. 여기에 끊임없이 말 거는 동료들을 통해 편집자-저자로 변화한 나의 이야기, 경주로 되돌아가 나의 현장을 재발견한 이야기를 덧붙였다. 누구나 철학자가 될 수 있다는 말이 어떻게 현실에서 실현되는지를 보여 주려 했다.

2부 '동료에게 말 걸기'에서는 친구와 연인 같은 바로 옆 사람부터 학자와 대중 같은 어색한 사이까지 동료로서 만난다. 인류학 연구자 안희제의 『증명과 변명』, 작가 하은빈의 『우는 나와 우는 우는』, 정치철학자 배세진의 『금붕어의 철학』을 면밀히 읽으며 말을 건넨다. 내가 동료에게서 배운 것을 정리하고, 이견이 있거나 보충하고 싶은 논의를 덧붙였다. 말이 어긋나는 시대에 말 거는 일이 새로운 철학을 함께 만들어 갈 길이라고 제안한다.

3부 '우리가 의존하는 영토'는 인공지능에서 기후위기까지 지금 우리에게 닥쳐온 가장 어려운 문제와 마주한다. 인공지능은 삶을 구할 수 있을까? 거대한 기후위기 앞에 놓인 작은 개인은 무엇을 해야 할까? 내가 발 딛고 있는 자리에는 영토가 있다. 각자의 생존이 걸려 있는 영토를 둘러싼 갈등에서 도망칠 수는 없다. 그러나 같은 영토를 다른 방식으로 살 수는 있다. 그리하여 결론에서는 극단에 치달은 분열의 시대에 이야기를 다시 시작할 방법을 찾는다.

동료에게 말을 걸려면

이 책이 일관되게 견지하는 하나의 태도는 동료에게 말 걸기다. 철학책에서 굳이 동료를 말하는 이유는 무엇일까?

전통적으로 철학자는 두 가지 길을 걸어왔다. 하나는 고독한 사색가의 길이다. 홀로 깊이 사유하며 진리에 도달하려는 수행자의 모습이다. 다른 하나는 스승과 제자, 혹은 같은 학파의 동지들과 함께 진리를 탐구하는 길이다. 그런데 오늘날 철학은 이 두 가지 길과는 다른 관계를 요청한다.

우리는 더 이상 같은 진리를 공유하는 사람들끼리만 대

화할 수 없다. 서로 다른 세계관, 서로 다른 가치관, 서로 다른 언어를 가진 사람들과 함께 살아가야 한다. 다원화 시대 속에서, 기후위기 앞에서, 민주주의 위기 한가운데서 우리는 내 마음대로 선택할 수 없는 이웃들과 공존해야 한다. 이때 필요한 것은 같은 신념을 가진 동지 관계도, 진리를 전수하는 사제 관계도 아니다. 서로 다르지만 함께 살아갈 수밖에 없는 사람들, 즉 동료와의 관계다.

동료는 우리에게 낯선 사람이다. 가족도 아니고, 친구도 아니고, 적도 아니다. 동료란 같은 직장에서 일하거나, 같은 업계에 속해 있거나, 같은 나라에 살거나, 아니면 같은 지구 위에 거주하는 사람이다. 직장 동료, 업계 동료, 동료 시민, 동료 지구인 같은 관계다.

동료는 동지가 아니다. 동지가 같은 뜻을 품은 사람이라면, 동료는 같은 환경에서 살아가는 사람이다. 같은 뜻을 갖지 않고 비자발적으로 함께하는 관계이기에 때로는 대체 무슨 말을 하는지, 무엇에 관심이 있는지 도무지 알 수 없을 때가 많다. 하지만 동료는 적도 아니다. 동료는 서로 간의 평등을 전제한다. 권위에 기대어 상대를 깔보거나 윗사람에게 복종하는 것이 아니라, 함께 일하면서 서로 배울 수 있는 관계다. 이 점에서 동료의 반대말은 권위주의다.

사람들이 서로 동료가 되는 이유는 어떤 식으로든 서로

연루되어 있기 때문이다. 나의 이익과 그의 이익, 나의 상실과 그의 상실이 미묘하게 얽혀 있다. 그렇지만 그 이익과 상실이 완전히 같은 것도 아니다. 그래서 동료와 맺는 관계에는 언제나 불완전하고 이질적인 부분이 남는다. 바로 그 이질성 때문에 새로운 일을 도모할 수 있다. 동질적이지 않기 때문에 기존과는 전혀 다른 일을 시도할 수 있다. 낯설기만 하던 인물과 같은 목표를 위해 기꺼이 협력하고 일상을 나누는 좋은 사이가 되기도 한다. 동료가 된다는 것은 잘 알지 못했던 사람들이 만나서 서로를 조금씩 바꿔 가며 어떤 일을 가능하게 만드는 것이다.

낯선 동료에게 말을 걸려면 물론 잘 말해야 한다. 철학자 브뤼노 라투르는 잘 말하기를 "자신이 말하고 있는 것과 자신이 말해야 하는 상대방 모두를 진지하게 받아들이는 것"[3]으로 번역한다. 상대방의 말에 귀를 기울이고, 그가 소중히 여기는 것을 존중하며, 그에 대해 잘 말하는 법을 천천히 배워 나가야 한다는 것이다. 이는 상대가 말하는 모든 것에 무조건 동의해야 한다는 의미가 아니다. 내가 잘 말하고 있는지 아닌지 확인할 유일한 방법은 동료와 대화를 다시 시작하는 길이라는 것이다.

[3] 브뤼노 라투르, 황장진 옮김, 『존재양식의 탐구』(사월의책, 2023), 547쪽.

이때 중요한 것은 '무엇을 말하는가'만이 아니라 '어떻게 말하는가'다. 말의 내용만큼이나 말하는 방식과 태도가 중요하다. 말을 건네는 태도에는 상대를 동료로 대하는지, 적으로 규정하는지, 혹은 계몽의 대상으로 삼는지가 이미 결정되어 있기 때문이다. 그래서 이 책은 태도의 문제를 단순한 예절이 아니라 존재양식의 문제, 곧 철학이 풀어야 할 중심 과제로 다룬다.

두려움과 힘

하지만 극단주의자들과도 대화와 소통이 가능할까? 귀를 닫고 마음의 문을 걸어 잠근 사람을 어떻게 설득할 수 있을까? "너 페미야?"라는 무례한 질문을 던지는 사람에게 현명하게 대답할 수 있을까?

나 역시 이 질문들에 대한 답을 찾아 헤매는 중이지만 한 가지 분명하게 말하고 싶은 것이 있다. 이런 일상적 질문들이 단순히 대화법이나 삶의 기술의 문제만이 아니라 바로 철학적 문제라는 점이다. 이것은 철학이 직접 다루어야 하는 오늘의 고민이다. 철학적 관점에 따라 서로 다른 답이 나올 수는 있겠지만, 이 질문들을 밀쳐놓고서 오늘의 철학을 이야기할 수는 없다.

혼란스러운 다원화 시대에 철학이 더욱 필요하다면, 그것은 무엇이든 원점에서부터 사유하기 시작할 수 있는 철학의 능력 때문이다. 무엇이 옳고 무엇이 그른지를 미리 결정하지 않고 철학적 대화 속에서 그 옳고 그름의 이유를 묻는 느린 대화가 철학의 방법론이다.

이 분열의 시대에 느긋한 대화라니, 너무 한가한 소리로 들릴지 모르겠다. 당장의 거대한 위기 앞에서 동료에게 말을 걸고 대화를 다시 시작하자는 제안이 무력하거나 비겁하게 보일 수도 있다. 하지만 나약해 보이는 태도 속에 우리가 놓치고 있던 또 다른 힘이 있는 것은 아닐까? 폭력에 폭력으로 맞서지 않고 대화를 선택하는 것은 두려움 때문이기도 하다. 그리고 그 두려움이 서로를 연결하는 힘이 될 수도 있다.

많은 철학자들은 역사를 만드는 것은 목숨 건 투쟁, 계급투쟁, 인정투쟁이라고 말해 왔다. 그러나 그들은 겁쟁이들이 역사를 지켜 나간다는 중요한 사실을 미처 보지 못했다. 2024년 12월에 있었던 시대착오적 비상계엄 사태를 떠올려보자. 그때 국회로 불려온 군인들은 소극적 태도로 일관했다. 어떤 폭력도 감히 사용하기를 주저했다. 그들은 겁쟁이였고, 그래서 민주주의를 지켜 냈다.

오키나와 연구자 도미야마 이치로는 『폭력의 예감』에

서 이렇게 묻는다. "목숨을 건 투쟁은 도망자나 전향자를 낳을 것이다. 그러나 역사는 결기한 자들에 의해 그려지는 것이 아니라, 도망한 자나 전향한 자로 간주되는 겁쟁이들로부터 탄생하는 것은 아닐까?" 그리고 이렇게 덧붙인다. "결기라는 힘이 미래를 여는 유토피아의 순간을 만들어 냈다 해도, 그 미래는 겁쟁이의 신체를 매개로 해서 펼쳐져 나가야 한다. 거기에 바로 사상의 역할이 있다."[4]

세상은 적극적인 행동만이 아니라, 소극적으로 무언가를 하지 않는 무위의 행위에 의해서도 바뀐다. 우리는 늘 겉으로 드러나는 투쟁만을 정치적 행위로 여기지만, 그 아래에는 조용히 이어지는 겁쟁이들의 작은 힘이 있다. '전통'처럼 전해 내려온 후배 기합주기에 더 이상 가담하지 않음으로써, 여자들의 희생으로 굴러가는 제사 의례를 더 이상 반복하지 않음으로써 사람들은 오랜 폭력의 시대를 서서히 종결시켜 왔다.

무언가를 하지 않기로 선택하는 일은 단순한 도피가 아니다. 그것은 주어진 방향에 대해 의문을 품고 행하기를 주저하는 행위다. '이 길이 정말 옳은 길인가?'라고 묻는 머뭇거림과 망설임 속에 대화를 향한 희망이 있다. 부조리와 폭

---

[4] 도미야마 이치로, 손지연·김우자·송석원 옮김, 『폭력의 예감』(그린비, 2009), 8쪽.

력의 연쇄를 반복하지 않을 가능성이 있다.

폭력에 상처받을 것을 두려워하고 누군가를 희생시키는 것을 두려워하는 겁쟁이들이 민주주의를 지킨다. 나는 여기서 철학자 리처드 로티를 따른다. "민주주의 사회들의 우월성은 합리성에서의 우월로 이루어진 것이 아니라, 단지 그 사회들이 덜 잔인하다는 사실로 이루어져 있다."[5] 권위주의의 귀환 속에서 우리가 붙잡고 가야 할 민주주의의 덕목은 덜 잔인한 사회를, 타인을 존엄하게 대우해야 할 필요성을, 고통받고 있는 사람들과의 연대에 합류해야 할 의지를 간직한 겁쟁이의 태도다.

두려움을 함께 나누는 사람들의 이야기가 나를 변화시켰다. 이 책은 그들이 나누어 준 이야기들을 따라간 또 하나의 이야기다.

---

[5] 리처드 로티, 김동식·이유선 옮김, 『우연성, 아이러니, 연대』(사월의책, 2020), 13쪽.

차례

들어가며   7
    내가 발 딛고 선 곳에서

[1부] 철학이 시작되는 곳

1장   누구나 철학자가 되는 밤   25
       ─ 목수 고니와 교정공 유리관
2장   경주로 되돌아가다   41
       ─ 가족 이야기를 쓴다는 것

[2부] 동료에게 말 걸기

3장   말이 어긋나는 시대에 말 걸기   75
       ─ 괄호를 벗기고 말한다는 것
4장   사랑과 돌봄은 왜 같은 말이 아닌가   95
       ─ 애정과 의존 사이
5장   우리는 어항 속 금붕어가 아니다   111
       ─ 학자와 대중이 동료로 만날 때

[3부] 우리가 의존하는 영토

6장 인공지능은 삶을 구할 수 있을까   141
　　　ー지도와 영토를 혼동하지 않는 법
7장 신발 속 돌멩이를 들여다보며   161
　　　ー내 방과 기후위기

결론   183
　　　이야기를 다시 시작하는 방법

감사의 말   207
참고 문헌   214

철학이 시작되는 곳

1

[1장]
누구나 철학자가 되는 밤
—목수 고니와 교정공 유리관

"언제든 대체될 수 있는 이들을 가장 존경하라. 다른 누가 아니라 바로 그런 이들을. 다른 누구보다도."

이 문장은 어느 철학자가 한 말일까? 어떤 철학책에 나오는 구절일까? 아니다. 이 말은 『교정의 요정』이라는 일기책의 첫머리에 등장하는, 한 교정공의 문장이다. 그는 '든'과 '던', '로써'와 '로서' 같은 하찮아 보이는 글자 하나에 집요하게 매달리는 교정 노동자다. 때로는 눈물을 쏟고 울분을 삭이면서도 문장의 잘잘못을 끝내 따지고 오류를 바로잡는다. 말의 옳고 그름을 둘러싼 한없는 고통과 노고를 통과한 끝에야 비로소 한 권의 책이 완성된다.

인류 역사상 가장 많이 읽고 가장 많이 쓰는 시대다. SNS, 뉴스, 전자우편 등 수많은 텍스트가 매초 쏟아진다. 그런데도 이제 아무도 '교정'하지 않는다. 문장의 사소한 오류를 고치는 일은 읽고 쓰는 일이 넘쳐 나는 이 시대에 가장 먼저 사라지는 노동처럼 보인다.

한승태 작가는 『어떤 동사의 멸종』에서 전화받기(콜센터 상담), 운반하기(택배 상하차), 요리하기(뷔페식당 주방), 청소하기(빌딩 청소) 같은 일들이 하나둘 사라져 가는 풍경을 기록한 바 있다. 직업이 하나 사라질 때마다 그에 연관된 동사도 하나씩 사라진다. 그렇다면 '교정하다'라는 동사가 멸종할 때 과연 무엇을 잃어버리는 것일까?

토씨 하나, 문장 하나의 옳고 그름을 놓고 고민하는 사람들의 노동이 점점 희미해질 때, 옳고 그름을 가려낼 수 있는 판단 능력도 어느새 함께 사라져 간다. 모든 것이 무너지고 발 디딜 지반마저 흔들릴 때, 다시 붙잡아야 할 것은 거창한 사상이나 이념이 아니라 어쩌면 가장 평범한 자리에 있을지도 모른다. 각자가 매일같이 반복하며 살아온 그 노동의 현장에 말이다.

하지만 노동 현장에 대한 주목이 단순히 낮의 노동만을 찬양하는 데 그친다면, 그것은 노동의 속박이 뭔지도 모르는 먹물들의 반쪽짜리 담론이 될 뿐이다. 오히려 평범한 노동자들은 예술가들의 밤, 지식인들의 밤에 사로잡혀 있다. 시인이 되고 싶은 어부, 화가가 되고 싶은 철물공, 철학자가 되고 싶은 편집자까지. 노동자는 밤의 시간을 갈망한다. "프롤레타리아가 자신의 실존과 투쟁의 의미를 정의하기 위해 필요한 것은 타자의 비밀이다."[1] 관건은 낮이 아니라 밤이다. 21세기의 낮에서 19세기의 밤으로 건너가 보자.

목수를 만난 철학자

때는 1970년대 프랑스, 68혁명의 여진이 채 가시지 않은 시기다. 프랑스 철학자 자크 랑시에르는 국립도서관의 고문서 보관소를 뒤지다 한 편의 편지를 발견한다. 1830년대 프랑스에서 노동자로 살아간 목수 루이 가브리엘 고니가 친구들에게 보낸 편지였다.

랑시에르는 19세기 노동자들의 계급의식을 찾으려 했지만, 뜻밖에 마주한 것은 한 노동자의 낯설고 생기 넘치는 삶이었다. 고니는 휴일을 내일의 노동을 위한 회복 시간으로 보내지 않았다. 그는 탐미주의자처럼 산책을 하며 풍경을 즐기고, 철학자처럼 글을 쓰며 형이상학적 가설을 전개하고, 활동가처럼 만나는 벗들에게 노동운동을 전파했다. 그것은 오히려 부르주아의 여가에 가까운 것이었다.

낮에는 마루 까는 노동자로 바닥을 무릎으로 기어다니고, 밤에는 시를 쓰고 철학책을 읽고 동료들과 정치 토론을 한다. 매일매일 시간을 도둑맞는 슬픔을 더 이상 견디지 않

---

[1] 자크 랑시에르, 안준범 옮김, 『프롤레타리아의 밤』(문학동네, 2020), 41쪽.

고 온전히 자기 시간의 주인이 되겠다는 의지다. 사회 질서는 '누가 무엇을 읽고, 말하고, 생각할 수 있는가'를 당연한 듯 구분 지어 놓는다. 그러나 프롤레타리아의 여가와 부르주아의 여가를 아무렇지도 않게 가로지를 때, 고니는 감각적인 것과 정치적인 것의 질서를 모두 교란하는 존재가 된다. 그는 노동자로 살지만 부르주아처럼 읽고 사유하고 말할 수 있었다.

고니를 통해 랑시에르는 노동자의 해방이란 낮의 노동과는 다른 방식으로 실존할 수 있음을 스스로 발견하는 데서 시작됨을 깨닫는다. 그렇다고 이것이 어떤 대단한 철학자가 노동자의 기록으로부터 새삼스레 찾아낸 것은 아니다. 그것은 '평민 철학자' 고니가 한 사람의 동료 철학자로서 랑시에르에게 가르쳐 준 사실이었다.

이후 랑시에르가 1981년에 펴낸 『프롤레타리아의 밤』은 목수 고니와 같이 사유하는 노동자들이 남긴 기록의 아카이브다. 랑시에르는 19세기 노동자들이 밤에 꾸었던 꿈의 기록을 수집하고 그들의 목소리를 날것 그대로 들려주려 했다. 그것은 노동 시간과 휴식 시간이라는 위계적 시간 질서에 저항하며 자신만의 방식으로 '밤의 시간'을 누린 노동자들의 이야기였다. 이는 그저 한가로운 행위만이 아니었다. 시를 쓰고 철학적 주장을 펼친 노동자들은 혁명가를 노래하는 노동자들만큼이나 기존 체제에 위험한 존재였다.

고니와 동료들이 꾼 꿈은 부르주아 시인처럼 되고자 하는 열망이기도 했고, 가난에서 벗어나 사업가의 길로 나아가려는 야망이기도 했으며, 혁명에 합류하여 다른 세상을 건설하려는 희망이기도 했다. 이는 노동자와 지식인, 일하는 자와 세상을 만드는 자 사이의 분할선을 벗어나려 했다는 점에서 매우 비범한 꿈이었지만, 다른 한편 지극히 평범한 꿈이기도 했다. 모든 평범한 노동자들에게는 언제나 그런 비범한 꿈이 하나쯤은 있는 법이니까. 그러나 "이 '평범한-비범한' 것은 아무 지점에서나 합의에 구멍을 낸다."[2]

어쩌면 랑시에르가 『프롤레타리아의 밤』에서 말하고자 하는 핵심 메시지를, 목수 고니가 친구에게 보낸 다음 말에서 찾을 수 있을지도 모른다. "너를 끔찍한 독서 안으로 던져 봐. 그게 너의 불행한 삶 속에서 정념을 일깨워 줄 거야. 프롤레타리아에게는 자신을 집어삼키려 드는 것에 맞서 일어나기 위해 바로 그런 게 필요해."[3] 프롤레타리아의 고통을 마비시킨다고 여겨진 다른 세계들과의 만남, 곧 시와 철학, 연극 등이 때로는 고통에 대한 의식을 가장 첨예하게 만들기도 한다는 것이다.

[2] 자크 랑시에르, 양창렬 옮김, 『정치적인 것의 가장자리』(길, 2008), 210쪽.
[3] 자크 랑시에르, 안준범 옮김, 『프롤레타리아의 밤』(문학동네, 2020), 41쪽.

랑시에르가 고니에게서 배운 프롤레타리아의 밤은 단지 지쳐 쓰러져 잠드는 밤이 아니라, 노동자처럼 살되 부르주아처럼 말할 수 있는 밤을 뜻한다. 프롤레타리아에게 진정 필요한 것은 자신들이 착취와는 다른 삶을 향하도록 운명 지어져 있음을 감각하고 인식하는 일이다. 그 밤은 단지 노동 뒤의 휴식 시간이 아니다. 노동자가 책을 펼치고, 자신의 생각을 글로 쓰고, 다른 삶을 상상하는 시간이기에, 그 밤은 정치적이다. 세계의 전복은 밤에 시작된다.

교정공을 만난 편집자

오늘의 한국에도 또 다른 고니가 있다. 대학 교재를 만드는 출판사에서 교정공으로 일하는 유리관은 낮에는 교정 노동자로 문장을 고치고, 밤에는 일기를 쓰며 노동자로서의 삶을 기록하고 사유한다. '지옥에서 밭을 가는 일'이라 표현할 만큼 고된 노동 속에서도, 누구도 주목하지 않는 오류를 잡아내고 기어코 문장을 살려 내는 고독한 전투를 수행한다. 그러면서 휴일에는 기후정의행진에 참여하여 거리를 행진하고, 친구와 독서 모임을 하고 술을 마신다. 그리고 이 모든 경험을 자신의 블로그에 글로 쓰고, 그것을 『교정의 요정』이라는 일기책으로 펴낸다.

『교정의 요정』은 단순한 자기 고백이 아니다. 유리관의 일기에는 자신이 처한 사회적 환경과 정치적 조건을 자각하고, 그 안에서 다른 삶을 꿈꾸고 실험하는 나날의 기록이 담겨 있다. 온갖 원고의 상상도 못할 오류들을 찾아내 고치는 교정이라는 싸움은 산산조각 난 세계 속에서 말을 통하게 하는 작업으로, 원고의 교정을 넘어 사람들 사이의 관계를 고치는 일로 이어진다. 어떻게 그럴 수 있을까? 실상 노동이란 옳고 그름을 자신의 영역에서 분별하는 것으로 이루어져 있기 때문이다. 유리관은 이렇게 말한다. "어쩌면, 뭔가를 고치지 않는 일이라는 것은 존재하지 않는지도 모른다. 좀 더 적절하게 말해, 그 정의상 '일'이란 뭔가를 고치는 행동인 것이다."[4]

그래서 유리관은 노동계급이라는 표현을 일기 속에서 거리낌 없이 사용한다. 모든 곳에서 소비자 개인이 되라는 외침이 들려옴에도 불구하고, "이런 세계에서 우리 계급은 절대로 개인이 될 수 없기 때문"이다.[5] 그리고 이 사실이 고니, 랑시에르, 유리관, 그리고 우리를 연결해 준다. 19세기 산업혁명 시대의 노동자나 21세기 인공지능 시대의 직장인이나 처지는 다를 바가 없다. 노동자라 불리든 직장인이

---

[4] 유리관, 『교정의 요정』(민음사, 2024), 48쪽.
[5] 유리관, 같은 책, 150쪽.

라 불리든 언제든 다른 사람 혹은 기계로 대체될 수 있는 존재일 뿐이다. 몸뚱이 하나밖에 믿을 것이 없는 사람들은 부정할 수 없이 무산자 계급, 즉 프롤레타리아에 속한다. 그러니 유리관을 따라 이렇게 말해 보면 어떨까. "언제든 대체될 수 있는 이들을 가장 존경하라. 다른 누가 아니라 바로 그런 이들을. 다른 누구보다도."[6]

『교정의 요정』에는 노동자라면 누구나 느끼는 고통과의 유머러스한, 그러면서도 감출 수 없이 고통스러운 대면이 있다. 그 와중에 유리관은 고통을 피하지 않고 심지어 그것을 가려내려 한다. "고통을 교정해 보자. 교정공은 차원을 오가며 의심해야 한다. 어쩌면 고통도 가려낼 수 있을지 모른다. 옳은 고통과 그렇지 않은 고통으로, 마땅한 고통과 그렇지 않은 고통으로. 마땅한 고통이라면 얼마든지 감내할 수 있다. 하지만 그게 아니라면……."[7]

오직 일기라는 형식을 빌려서만 가시화될 수 있는 이 고통은, 어쩔 수 없이 현실의 노동에 얽매인 처지에서 지금 여기와는 다른 세상을 열망하는 사람들이 공통으로 겪는 고통이기도 하다. 매일 자신의 몸을 일터에 빌려주는 이들보다 존재와 세계의 이러한 이중성을 정확히 성찰할 사람이

---

[6] 유리관, 같은 책, 9쪽.
[7] 유리관, 같은 책, 47쪽.

있을까? 밤의 시간을 갈망하면서도 현실이라는 영토에 매여 있을 수밖에 없음을 진정으로 자각하는 사람은 누구인가?

교정공 유리관의 일기는 나의 이야기이기도 하다. 나는 그와 같은 교정공이자 철학책 편집자다. 매일 누군가의 문장을 고치며, 나 또한 언어로 세상을 고쳐 보려 한다. 그러나 가끔은 혼란스럽다. 나는 철학자를 꿈꾸면서 생계 수단으로 편집 노동을 하고 있을 뿐인가? 아니면 편집자로서 무언가 다른 철학자가 되기를 실험하고 있는 것일까?

업계인과 스파이 사이

"철학자가 되고 싶은 건가요?"

남다르게 철학책에 집착하는 내 모습을 보면서 동료 편집자가 이렇게 물었을 때 나는 그저 웃어넘겼다. "그러게요, 대학원부터 가야 하나……." 혼자 종종 생각하던 문제이긴 했다. 나는 철학자가 되고 싶은 편집자인가? 아마추어로 철학 공부를 하는 게 즐거운가, 아니면 좀 더 전문적인 훈련을 해서 새로운 철학이나 연구를 내놓고 싶은가? 철학에 관해 글을 써야 할 때마다 늘 떠오르는 질문이다.

노동자이면서 동시에 노동자가 아닌 삶을 열망한다는 것. 직업적 정체성에 매여 있으면서도 그것을 넘어서는 무언가를 끊임없이 실험한다는 것. 어쩌면 이것은 지극히 보편적인 경험일지도 모른다.

동료 편집자 김영준의 구분법을 빌려보겠다. 그는 에세이집 『작가, 업계인, 철학자, 스파이』에서 업계인과 스파이를 구분한다. '직업 하나가 내 존재의 지분 대부분을 집어삼키는 삶'을 산다는 점에서 우리 대부분은 업계인이다. 여기서 스파이는 '업계인에 완전히 포획되지 않은 내 존재의 나머지 부분'이다. "그것은 그 자체로는 보이지 않다가 업계인을 매개로 해서만 모습을 드러낸다. 예컨대 회사에서 내 줄 생각이 없는 책을 어떻게 은근슬쩍 끼워서 낼 수 없을까 궁리하는 것이 스파이다."[8] 출판 편집의 경우, 스파이란 편집자라는 직업적 정체성 속에 숨어 있는 각각의 편집자들이 지닌 개성의 다른 말이다. 문학적일 수도 철학적일 수도, 예술적일 수도 과학적일 수도 있는 그런 숨겨진 개성들은 예고도 없이 불쑥 나타난다.

교정공 유리관과 문학 편집자 김영준의 글쓰기 자체가 그렇다. 그들은 전혀 직설적이지 않다. 업계인의 글쓰기인지 작가의 글쓰기인지 헷갈린다. 요컨대 문학적이다(더 좋은 표현을 생각하지 못하고 있다). 우회하는 글쓰기이고 직진하

---

[8] 김영준, 『작가, 업계인, 철학자, 스파이』(민음사, 2023), 10쪽.

지 않는다. 방황하고 도망친다. 어떤 때는 맥락이 전혀 안 잡히지만 조금 더 가면 익숙한 업계인 이야기가 종종 나오기도 한다. 그래서 읽다 보면 신기하다. 편집자의 글쓰기가 이토록 자유로울 수 있다는 것을 몸소 체감하게 되기 때문이다.

그럼에도 이들의 책은 어디까지나 업계에 뿌리를 내리고서 쓴 것이다. 바로 그러한 사실 때문에 그들의 편집자 정체성을 보증한다. 글 속에 알게 모르게 새겨져 있는 노동자의 그을린 피부와 굳은살 때문이다. 스파이로서 개성을 드러냄으로써 이들은 새로운 방식으로 편집자가 된다.

이것은 어떤 불일치의 경험에 대한 이야기다. 책임과 윤리의 세계에 살아가는 업계인과 무책임의 세계를 살아가는 스파이 사이의 어긋남이다. 달리 말해 이는 어떤 망명의 경험이다. 자신의 직업 정체성을 낯설게 느끼고, 내가 거주하는 영토를 이국적으로 감각하는 경험이기 때문이다. 이때 나는 나 자신도 아니고 그렇다고 순전한 타자도 아닌, 일종의 준-타자가 된다. 그리고 일기라는 형식, 에세이라는 형식, 문학이라는 형식은 이와 같은 "준-타자의 경험과 불일치의 경험을 기입하기를 멈추지 않는다."[9] 평범한 것이 비범해지고 비범한 것이 평범해지는 어떤 경험. 이 평범한 망

---

[9] 자크 랑시에르, 양창렬 옮김, 『정치적인 것의 가장자리』(길, 2008), 211쪽.

명의 경험을 글로 써서 책으로 공유할 때 각자는 고립을 넘어서 동료를 발견한다.

발 딛고 선 곳에서

2025년 나는 《한겨레21》에 철학 연재를 하고 있다. 연재 제목은 '아래로부터의 철학'이다. 어떤 점에서 내가 철학 연재를 하는 것은 조금 이상한 일이라고 할 수 있다. 나에게는 철학 학위도 없고 심지어 철학과를 다닌 적도 없기 때문이다. 물론 나 자신이 스스로를 '철학책 편집자'라고 칭하는 인문서 편집자이고, 『철학책 독서 모임』이라는 책을 쓰기도 했으며, 그동안 대학 바깥의 장소에서 수많은 철학 강의와 세미나에 참여해 온 것은 사실이다.

그렇지만 어떻게 보아도 나는 학자나 연구자, 철학자는 아니며, 그저 '노동자로서 철학책을 편집하고 철학을 공부하는 사람'이라고 정확히 말할 수 있다. 결국 내가 하는 활동 자체가 이미 아래로부터의 철학이었던 셈이다.

그런데 역사를 돌아보고 한국 사회를 들여다보면 나와 같은 사람은 무수히 많았다. 단지 그들이 하는 활동을 철학이라고 부르거나 그들이 생산한 결과물을 철학책이라고 부르지 않았을 뿐, 과거에도 지금도 '철학하는 일'은 도처에서 일어나고 있다. 그런 이름으로 불리지 않았기에 보이지 않았고 들리지 않았을 따름이다.

첫 책인 『철학책 독서 모임』을 내고부터 나는 친구이자 편집자인 신새벽과 열띤 대화와 논쟁을 나눴다. 노동자로서 철학책을 편집하고 철학을 공부하는 사람은 어떤 철학 글을 쓸 수 있고, 또 써야 할까? 어떤 철학 이야기를 전해야 할까? 어디에서 일어나고 있는 철학을 말해야 할까? 똑같은 책을 읽어도 내가 저자를 조사하고 원서를 찾아보며 관련 지식을 섭렵할 때, 그는 자기 관심 위주로 마음대로 해석하면서 무리수를 두었다. 그건 책에 없는 이야기 아니냐고 조심스럽게 지적하면, 그는 그게 문제가 아니라 우리가 써야 할 책이 문제라고 뻔뻔하게 응수했다. 간혹 탁월한 책을 읽으면 그는 기뻐하기보다 이렇게 쓰라고 나를 독촉해 댔다.

그런 압박 속에서 그가 기획한 『교정의 요정』과 『작가, 업계인, 철학자, 스파이』를 다시 보게 되었다. 두 책은 전통적인 의미의 철학책도 아니고 문학책도 아니다. 그런 경계 짓기와는 한참 동떨어진 책, 랑시에르의 말을 빌리자면 '고유어'로 쓰인 책이다. 어떤 범주로 구획하든 그 책들은 그 범주를 빠져나가 버린다. 애초에 그러한 분할 자체를 모른 체한다.

철학이 가진 최상의 유산은, 독일 철학자 위르겐 하버마스의 말을 빌리자면 "고정되지 않은 사유라는 무정부주의적 유산"에 있다.[10] 철학적 사유가 항상 수행해 온 경계 짓기와 범주 구획 자체가 다른 철학자의 등장에 의해서 끝없이 무너지고 새롭게 다시 그려져 온 곳이 바로 철학이라고 불리는 기묘한 장소가 아닐까. 애초에 서양 철학의 시조인 플라톤이 쓴 것은 철학 논문 같은 것이 아니라 노예, 소피스트, 철학자가 뒤섞여 벌이는 격렬한 대화록이었다.

너무 멀리 나간 것일까? 그러나 랑시에르가 1830년대 프랑스에서 노동자로 살아간 목수 고니라는 평민 철학자의 편지로부터 힌트를 얻어서 『프롤레타리아의 밤』을 쓴 것이나, 내가 21세기 한국에서 교정공으로 살아가는 유리관의 일기책 『교정의 요정』으로부터 힌트를 얻어서 '아래로부터의 철학'이라는 연재를 시작할 수 있었던 것은 '철학하는 일'이란 언제나 그런 것이었기 때문이다.

발 딛고 선 곳에서 철학은 매번 다시 시작된다. 지금 한국 한복판에서 일어나고 있는 철학 이야기를 노동자가 철학하는 밤에서 시작한 것은, 그것이 내 이야기인 동시에 19세기와 21세기를 관통하는 보편적인 우리의 이야기여서다. 그렇지만 그 '우리'는 우리라는 이름으로 간단히 묶일 수 없는 이질적이고 분열된 우리이기도 하다.

[10] 위르겐 하버마스, 윤형식 옮김, 『진리와 정당화』(나남, 2008), 440쪽.

그렇다면 우리의 철학은 서로 다른 '나'의 이야기에서 다시 시작해야 한다. '내 이야기로 철학을 해야 한다'는 거의 이해할 수 없었던 동료 편집자의 말이 가리키고 있었던 것은 바로 그 평범하고 비범한 진리였다. 그 말을 몇 년간 귀가 아프게 듣다 보니, 비로소 그 요구가 철학을 하고 책을 쓰겠다는 나의 꿈을 일깨우는 것이었음을 깨닫게 되었다. 나의 시선에서 바라본 세상의 모습을 더하는 것이 바로 철학의 실천이다. 탁월한 철학과 뒤떨어지는 철학을 그만 구분하고, 프랑스 철학자 누구누구에만 기대지 말고 네 이야기를 해 보라고 끊임없이 말을 거는 동료에게 나는 뒤늦게 응답하기 시작했다.

'철학이란 무엇인가', '이게 철학인가'라고 묻기보다 '이것을 철학이라 부를 때 무슨 일이 일어날까'를 물어보면 어떨까. 서로를, 타자를, 세계를 알지 못함을 인정하면서도 '난 모르겠으니 입 닫을게'라고 멀찌감치 물러서지 않으면서 서로를, 타자를, 세계를 알고자 하면 어떨까. 아마도 그것이 노동자로서 철학책을 편집하고 철학을 공부하는 사람이 철학책을 쓰는 한 가지 방식이 아닐까. 철학이란 언제나 무지의 인정인 동시에 타자와 세계에 대한 끝없는 탐구였으니까 말이다.

[2장]
경주로 되돌아가다
―가족 이야기를 쓴다는 것

"극우 지지자들과는 친구가 될 수 없다."

때로 이런 말을 거침없이 하는 사람들을 만난다. 대체로 서울이나 수도권에서 태어나고 자란 이들이다. 여기에는 선 긋기의 태도가 담겨 있다. 혐오 발언을 서슴지 않는 사람들과는 대화가 불가능하다는 정치적 판단도 있고, 그들을 설득하려는 시도 자체가 무의미하다는 냉소도 있다.

하지만 나는 이 말을 들을 때마다 늘 반박하고 싶어진다. 내가 태어나고 자란 TK(대구·경북) 지역이 바로 '그런' 세계였기 때문이다. 내 가족과 친지 대부분은 여전히 보수 정당을 지지하며 살아간다. 때로는 극우로 분류되는 정치인을 적극적으로 옹호하는 발언을 할 때도 있다. 그래서 내게는 저 말이 '극우를 지지하는 가족과는 함께 살 수 없다'는 섣부른 단언처럼 들린다. 그러나 가족은 부정할 수도 없고, 미화할 수도 없다. 나는 가족 곁에서 자랐고, 지금은 가족과 다르게 살고 있지만, 여전히 우리는 가족이다. 이 엄연한 사실은 어떤 정치적 입장 차나 윤리적 비판으로도 지워지지 않는다.

프랑스 사회학자 디디에 에리봉은 『랭스로 되돌아가다』에서 이 절박하면서도 개인적이고 정치적인 질문과 정면으로 마주한다. 극우 정당에 투표하는 사람들과는 말을 섞지 않고 악수조차 하지 않겠다고 마음먹기란 쉬운 일이다. 하지만 그 대상이 아버지와 어머니, 형제와 자매, 친척과 고향 사람이라면 어떻게 대응해야 할까?

에리봉은 젊은 시절 등졌던 고향 랭스로 돌아가 가족과 계급, 정치에 얽힌 복합적인 감정을 되짚으며 한 편의 회고록을 썼다. 그러나 이 책은 단순한 자서전을 넘어선다. 프랑스 사회의 계급 구조와 지식인의 자기기만을 비판하는 사회학 에세이이자, 가족에게 되돌아가는 성찰을 철학적 사유의 출발점으로 삼는 글쓰기여서다.

이러한 가족 이야기를 어떻게 직면해야 할까? 이상한 질문처럼 보일 수 있다. 사실 가족 이야기는 너무나 많고 흔하기 때문이다. 그러나 대부분의 가족 이야기는 진부하게 느껴진다. 이유가 있다. 가족을 그저 서정적 대상으로만 다루기 때문이다. 서정성의 메커니즘 속에서 자아와 세계는 자기 동일성을 확인하고 일체감을 향유할 뿐이다. 차이와 갈등이 지워진 채, 가족과 고향은 오직 노스탤지어의 언어로만 소비된다.

　반면 에리봉은 『랭스로 되돌아가다』에서 자신의 동성애 정체성과 노동계급 배경이 겪은 비극적 긴장, 어머니가 극우 정당 국민전선을 지지하게 된 갈등의 과정을 상세히 서술한다. 이 과정에서 그는 '가족에 대해 느끼는 수치심'을 핵심 키워드로 삼고, 이를 어떻게 다뤄야 할지 고민한다. 감정에 일정한 거리를 두되, 그것을 사회학적 언어로 분석하고 해석한다. 문학과 이론을 경유하면서도 그 진실만은 외면하지 않으려 한다.

　가족은 정제된 언어로 말하려 들면 오히려 가장 먼저 말문이 막히는 존재다. 가족에 대해 생각하는 일은 언제나 애정과 수치심 사이를 오간다. 사랑하면서도 미워하고, 부끄러워하면서도 끝내 끊어 내지 못하는 감정 앞에서 우리는 주저한다. 에리봉의 책이 폭넓은 반향을 일으킨 이유 중 하나는 이 주저함을 피하지 않고 곧장 문제화했다는 점에 있다.

　에리봉은 자신이 '도망친 자'였음을 고백한다. 그는 노동계급의 아들로 태어나, 자신에게 충실한 동성애자이자 지식인으로 살아가기 위해 고향과 가족을 떠났다. 그러다 수십 년이 지나서야 아버지의 죽음 이후 다시 랭스로 되돌아온다. 그가 마주한 것은 수치심이었다. "당신 형 디디에는 가족을 버린 호모일 뿐이잖아."[1] 동생의 아내가 내지른 이 한마디는 계급 탈주자로서 가족을 외면하려던 그가 부정할 수 없는 진실이었다.

파리 근교에 위치한 에리봉의 고향 랭스는 과거에는 좌파 정당을 지지하던 노동자 마을이었지만 지금은 극우 정당 국민전선의 지지 기반이 되었다. 에리봉은 자신이 지지해온 모든 가치, 즉 소수자 권리와 사회적 평등에 반대하는 사람들이 바로 가족이라는 사실에 고통스럽게 직면한다. "그러니까 내가 극우의 선거 승리에 맞서 시위를 하거나 이민자와 불법체류자들을 지지할 때, 나는 가족에 맞서 저항하고 있는 셈이다!" 개인적 이야기가 보편적 서사가 되는 지점이다.

가족을 쓴다는 것

『랭스로 되돌아가다』는 여러 나라에 번역되었고, 한국에서도 많은 독자와 평자의 호응을 얻었다. 에리봉이 계급적 수치심을 정직하게 서술할 뿐 아니라, 그 구조적 원인을 섬세하게 분석하려 노력했기 때문이다. 그는 극우 정당 지

---

[1] 디디에 에리봉, 이상길 옮김, 『랭스로 되돌아가다』(문학과지성사, 2021), 130쪽.

지자로 변모한 가족의 선택을 이해하려 한다. "역설적으로 보일지는 몰라도, 나는 국민전선을 지지하는 표가 부분적으로는 자신들의 집합적 정체성을 지켜 내려는 서민층의 마지막 호소로 해석돼야 한다고 믿는다."[2] 이는 그저 온정주의가 아니라, 극우 정치 담론이 민중의 정치적 주체화를 틀 짓는 방식을 성찰해야 한다는 강력한 요청이다.

에리봉의 글쓰기가 주는 강한 인상은 가족을 서정화하지 않는 데 있다. 그는 고향을 그리워하지도, 가족을 미화하지도 않는다. 그렇다고 혐오하거나 열등감의 대상으로 삼지도 않는다. 다만 일정한 거리를 유지한 채 사회학자의 눈으로 감정을 해부하고 기록한다. 이러한 거리 두기는 감정을 회피하지 않고 사유 가능하게 만들기 위한 장치다. 그에게 글쓰기는 곧 자기 자신과 가족을 이해하는 방식이고, 자신이 부끄러워했던 장소를 다시 보는 일이다.

이런 글쓰기 방식은 쉽지 않다. 에리봉은 이렇게 말한다. 가족과 고향으로 '되돌아가기'에 대해 쓰는 글은 문학, 이론, 정치라는 필터를 통과해야만 가능하다고. 날것의 감정을 그대로 쓰는 일은 너무 많은 감정적 부하를 일으키기 때문이다. 그래서 어떤 식으로든 가림막을 두고 감정에 접

---

[2] 디디에 에리봉, 같은 책, 151쪽.

근해야 한다고 말이다.

바로 이것이 수치심을 쓴다는 것의 의미다. 수치심은 서정적인 대상이 될 수 없는 감정이다. 가족을 사랑하면서도 부끄러워했던 기억을 떠올려 보자. 함께했던 순간을 자랑스럽게 말할 수 없었던 이유는 무엇일까? 그것은 동일화의 실패에서 오는 감정이다. 내 안에 들어온 타인의 시선이 만든 상처, 경멸되거나 무시되기에 말하지 못하고 감추어야 했던 그 모든 것의 흔적이다. 우리가 끝끝내 기억하는 수치심. 이를 게이 작가가 우리를 대신하여 쓸 수 있었던 것은 과연 우연일까?

에리봉은 이런 자신의 글쓰기를 '사회학적 자기 성찰'이라고 이름 붙인 바 있다. 번역자 이상길에 따르면, 이는 단순한 자서전 쓰기가 아니라 철저히 나 자신에 대한 인류학자가 될 것을 요구한다. 수치심은 여기서 중심 감정이 된다. 가족과 고향으로 되돌아가는 글쓰기란, 결국 그 수치심을 문장으로 쓰는 일이다.

예를 들어 에리봉은 "그랑제콜 입시 준비반이라든가 고등사범학교 선발시험을 치르기 위해 거쳐야 하는 입시 준비반에 대해서는 아무것도 알지 못했다"라고 회고한다.[3]

---

[3] 디디에 에리봉, 같은 책, 203쪽.

한국으로 치면 과학고나 외고, 수시 제도 자체를 모른 채 입시를 준비한 셈이다. 결국 에리봉은 그랑제콜과 고등사범학교의 문 발치에도 가지 못한 채 자기 동네에 있는 랭스 대학 철학과에 입학했다.

이것은 슬픈 경험이다. 미셸 푸코 평전의 저자이기도 한 에리봉은 푸코와 같은 부르주아 출신 학자들의 교육 환경이 자신이 시골에서 겪어 온 것과 얼마나 다른지 뼈저리게 알았을 것이고, 그래서 자신이 겪은 교육 환경의 부실함을 더 깊게 느꼈을 것이기 때문이다. 철학적 스승이 없다는 것, 그러나 그것이 지방 노동계급 출신의 학생에게는 극히 일반적인 일에 지나지 않는다는 것, 그리고 그 사회학적 이유를 뒤늦게야 깨닫게 된다는 것. 이는 구조적 슬픔이자 실패였다. 이처럼 구조적으로 예정된 실패를 깨닫고서야 비로소 에리봉은 철학자이자 사회학자가 되었다. 아니, 될 수밖에 없었다고 말해야 할 것이다.

그럼에도 나는 이 책에서 한 가지 중요한 한계를 느낀다. 에리봉은 극우 정당을 지지하는 가족을 혐오하지 않으려 애쓰지만, 그들을 사회 구조의 희생자이자 변화하지 않는 타자로 보는 시선에서 벗어나지 않는다. 랭스로 되돌아간 사람은 에리봉이고, 자기를 재발명한 사람도 에리봉 자신뿐이다. 가족과 고향, 남겨진 자들은 변화의 바깥에 머물러 있다. 그들은 이해받아야 할 존재, 설명되어야 할 타자, 결국 계몽되어야 할 대상으로 남는다.

에리봉이 추구하는 사회학적 비판 또한 위에서 아래로 "자신의 삶과 타인들의 삶에 대해 내려다보는 시각"에 머문다. 그에게 비판적 이론이란 "사람들이 자생적으로 스스로에 관해 생각하는 방식과 인식론적으로 단절"하는 것을 의미하기 때문이다.[4] 그로 인해 남겨진 자들의 목소리는 제대로 들리지 않는다. 책이 출간된 뒤 어머니는 이런 반응을 보였다고 한다. "너 우리를 떠난 거였어? 우리가 부끄러웠다고?"

어쩌면 도망친 자의 자기 재발명보다 더 어려운 것은 남겨진 자의 삶을 존중하는 일인지도 모른다. 우리가 떠나온 세계를, 남겨진 사람들의 마음을 어떻게 다시 말할 수 있을까? 여전히 그곳에 머무는 사람들을 존중하면서 그들과 함께 다시 사유하는 일이 가능할까?

진례로 되돌아가다

전혀 다른 시간과 공간 속에 살아온 또 다른 저자, 비평

---

[4] 디디에 에리봉, 같은 책, 55~56쪽.

가 이연숙의 일기책 『여기서는 여기서만 가능한』을 덧대어 보고 싶다. 에리봉과 이연숙의 책은 '자신의 수치심에 직면한다'는 점에서 묘하게 닮아 있다. 두 사람은 저마다의 고향으로 돌아가, 말로 꺼내기 어려운 감정들을 기록한다. 가족의 문제 앞에서 누구도 확신에 찬 목소리를 내기 어렵기에 때로는 누군가 먼저 꺼내 준 말들이 필요하다. 타인의 자전적 기록을 읽는다는 것은 그 안에서 자신의 일부를 알아보는 일이기도 하다. 그렇게 우리는 기억 속으로 되돌아간다.

이연숙의 『여기서는 여기서만 가능한』은 오랜 시간 블로그에 쌓아 온 공개 일기들을 묶은 책이다. 그래서 공개된 고백에 가깝다. 퀴어, 가족, 정신질환, 빈곤, 예술, 사랑, 섹스의 문제가 섬세한 날것의 언어로 낱낱이 기록되어 있다. 그 안에는 한 사람의 삶을 구성하는 거의 모든 것이 등장하지만, 이는 하나의 질문으로 수렴된다. 무엇을 '배설'이라 부르고, 무엇을 '기록'이라 부를 수 있을까?

이 일기책의 중심에는 가족이 자리 잡고 있다. 작가는 시골 마을 경남 김해시 진례면에서 자라났다. 그곳으로 돌아가는 상상은 그에게 일종의 죽음과도 같다. 그가 떠나온 시골은 정지된 과거이자 지워지지 않는 계급의 흔적이고, 그가 정착하지 못한 서울은 가난 속에서 미끄러지는 현재이자 기회의 공간이다. 그럼에도 이연숙은 엄마가 보고 싶어

고향으로 되돌아가고, 죽음에 임박한 아빠 때문에 고향으로 되돌아가며, 다 때려치우고 고향으로 되돌아가기를 남몰래 꿈꾼다.

스물네 살의 김승옥은 '왜 나는 서울에서 실패하면 꼭 고향을 찾는가?'라는 질문을 붙들고 단편소설 「무진기행」을 썼다. 소설은 이 질문에 대한 뚜렷한 대답을 주기보다는 부끄러움과 우울이라는 감정의 굴곡을 따라 흐른다. 문학평론가 신형철은 작중 화자 윤희중이 느끼는 부끄러움이 죄의식이라기보다 멜랑콜리적 우울이라고 보았다. 무진으로의 기행은 그 자신에 대해서 '너무 많이' 알지 않고자 하는 여행이라는 것이다.[5]

당대에 「무진기행」은 '감수성의 혁명'이라는 찬사를 받았다. 고향에 대한 서정적 동일시를 하며 자아를 확장해 왔을 뿐인 전 세대의 진부한 레퍼토리를 벗어났다는 점에서 그러했다. 그러나 나중에는 소설 속에 나오는 타자들, 특히 여성들을 남성적 자아의 대리물로 설정하고 있을 뿐이라는 비판도 받았다. 실제로 소설 속에서 여성들은 자아와 세상이 화해할 수 없음을 느끼게 하는 대리자로서만 소환될 뿐이다.

[5] 신형철, 「수음하는 오디세우스, 노래하는 세이렌」, 『몰락의 에티카』(문학동네, 2008) 참조.

이연숙은 이와는 전혀 다른 방식으로 감정의 영토를 기록한다. 그는 어떤 거리 두기도 시도하지 않는다. 엄마와의 감정은 날것 그대로, 반복적이고 고백적인 언어로 드러난다. 잘 주목받지 못하는 것은 이 책이 서울 이야기만으로 이루어진 게 아니라 『랭스로 되돌아가다』와 마찬가지로 가족으로 되돌아가기, 혹은 되돌아갈 수 없음에 대한 직면이라는 점이다. 이연숙의 일기책은 김해로 도망간 이야기로 시작하여 거의 결말 부분에 이르러 다시 진례로 되돌아갔다가 돌아오는 이야기로 끝난다. 여러 결이 있는 이야기이지만 이 일기책을 가족으로 되돌아가는 서사로 읽어 볼 수 있는 이유다.

이연숙이 김해로 도망친 이유는 엄마가 보고 싶었다는 것이다. 겉으로는 흔한 말처럼 보일지 몰라도 이 말은 결코 가볍지 않다. 부모와 사실상 의절하며 살아온 '남자' 에리봉과 달리 '여자' 이연숙의 삶에는 떨어져 있을 때조차도 가족의 그림자가 끊임없이 침투해 온다. 꿈에서도, 전화에서도, 글에서도. "나의 악몽에는 언제나 가족들이 나온다."[6]

이 점에서 이연숙의 일기 속 '되돌아감'은 에리봉과 다르다. 김해, 더 정확히는 진례로 이동하는 길에서도, 서울의

---

[6] 이연숙, 『너에서는 너에서만 가능한』(난나, 2024), 112쪽.

일상에서도 끊임없이 가족의 잔상이 떠오른다. 어쩌면 이렇게 말해 볼 수 있을 것이다. 많은 경우 남자들에게 가족이란 언젠가 되돌아가야 할 것이지만, 여자들에게 가족이란 어쩔 수 없이 되돌아오는 것이라고. 남자들에게는 선택의 문제이지만, 여자들에게는 감정의 중력이 작용한다. 우리가 가족과 맺는 감정의 부스러기에 대해 이야기하길 꺼렸다면, 그것은 내 안에 있는 어떤 여성성의 감각을 자극하는 것이기 때문일 수 있다.

이연숙에게 가족이 있는 시골은 무식과 차별이 있는 장소다. 에리봉이 게이로서 랭스에서 겪었던 것만큼이나 이연숙이 레즈비언으로서 진례에서 겪었던 구조적 슬픔과 실패가 있다. 그래서 이연숙은 이렇게 묻는다. "누가, 또 어떻게 읍면리라는 무시무시한 중력에서 탈출할 수 있을 것인가?"[7] 이 질문이 제기되는 또 다른 이유는 그의 동생 때문이기도 하다. 자신은 운이 좋아 시골에서 탈출했지만 과연 동생도 그럴 수 있을까. 이연숙은 이렇게 조소한다. "사람은 구하는 것은 사람이 아니다"라고.[8]

이연숙은 자신을 재발명하지 않는다. 그것은 성장의 서사가 아니다. 오히려 성장하는 데 실패하는 여정, 끊임없이

[7] 이연숙, 같은 책, 430쪽.
[8] 이연숙, 같은 책, 423쪽.

같은 실수를 반복하는 여정에 가깝다. 에리봉의 서사는 많은 이들에게 '나도 이렇게 쓰고 싶다'는 말로 이어졌다. 하지만 이연숙처럼 날것 그대로의 감정을 드러낼 때 우리는 외면하고 싶어진다. 일부 독자들은 이를 '배설'처럼 느끼기도 했다. 독서 모임에서 책을 함께 읽은 한 40대 남성 동료는 소감을 이렇게 표현했다. "그것은 역겨웠다."

그런 역겨움은 저자가 의도적으로 택한 글쓰기 전략의 효과다. 이는 퀴어 연구에서 '저급 이론'이라 불리는 방식으로, 고상한 이론화를 피하고 삶의 감정과 경험에 밀착하는 글쓰기를 의미한다. 위악적이고 노골적인 날것의 글쓰기지만, 동시에 감정의 진실에 정직하게 다가가려고 시도하는 '되돌아감'의 서사 방식이기도 하다.

구미 삼일문고에서

에리봉에게 랭스는 가족의 고향이자 계급적 운명의 낙인이 찍힌 장소다. 이연숙에게 진례는 실패한 삶의 끝에서 어쩔 수 없이 되돌아가는 장소, 그러나 언제나 가족의 이름으로 정서적으로 침투해 오는 곳이다. 그렇다면 나는 어떨까?

생각을 바꾸는 가장 쉬운 방법은 "환경을 의도적으로

바꾸는 것"이다.[9] 환경을 바꾸면 사고, 발상, 욕망이 바뀔 가능성이 생긴다. 그것도 내가 전혀 예측하지 못했던 방식으로 말이다. 가족과 고향에 대해서 내 생각이 바뀌게 된 하나의 사건이 있었다.

『철학책 독서 모임』을 출간하고 경북 구미의 삼일문고에서 북토크를 했다. 출판사에서 '전국 동네서점 북토크'를 기획한 것이다. 2022년 8월 20일 토요일. 뜨거운 여름이었다. 첫 번째 북토크 장소가 구미라는 것은 어딘가 운명적인 데가 있었다. 일주일간 방문할 경상도 구미, 부산, 대구 가운데 특히나 나에게 친밀한 도시였기 때문이다. 작은아버지가 오래전부터 정착해 계신 구미는 친동생과 사촌들이 살고 있는 곳이기도 했다.

가까운 사람들이 사는 공간만을 왕래하다 보면 정작 새롭게 태어나는 이질적인 공간을 볼 수 없게 된다. 구미에 수차례 갔음에도 내가 가지 않았던 새로운 문화의 장소들을 그때에야 알게 되었다.

오후 4시쯤 구미역에서 내렸다. 도착한 구미역은 익숙했지만 나는 항상 가던 출구가 아닌 다른 출구로 향했다. 구미역에는 앞쪽 출구와 뒤쪽 출구가 있다. 전면에 있는 구미중

---

[9] 아즈마 히로키, 안천 옮김, 『약한 연결』(북노마드, 2016), 12쪽.

앙로에는 여느 역들처럼 무수한 프랜차이즈 상점이 가득한 풍경이 보인다. 내가 지금까지 보아 왔던 구미역의 일상적인 모습 또한 그러했다. 뒤쪽 출구로 나갈 일은 없었다.

그런데 이번에는 저녁 식사 장소가 뒤쪽 출구 자리에 있었고 나는 아무런 사전 지식도 없이 후면광장 건너편에 있는 '금리단길'을 처음으로 방문하게 되었다. 금오산으로 이어지는 금리단길은 전국에 걸쳐 생겨나고 있는 그런 '길'들 중 하나로 최근에 큰 문화적 변화를 겪은 곳이었다. 마치 홍대나 성수동, 이태원 같은 거리가 그곳에 펼쳐져 있었다. 비건 지향의 독립서점도 있고 여러 파스타 식당, 신기한 쇼핑 가게들이 군데군데 늘어서 있었다. 그 세련된 풍경을 보면서 이곳이 내가 익히 알던 그런 구미가 아님을 체감했다.

햇볕이 쨍쨍하게 내리쬐는 가운데 15분 정도를 걸어서 삼일문고에 도착했다. 삼일문고 내부는 이제껏 한국에서 만나 본 서점 가운데 가장 훌륭했다. 베스트셀러 코너가 없이 다양한 형태의 서가들이 다채롭게 배치되어 있었다. 단순히 전시해 놓는 수준이 아니라 매번 교체되는 서가들이었다. 어떤 서가는 입고 일자별로 구분되기도 했고, 작가의 생일 날짜별로 구분되기도 했으며, 외부의 인사에게 의뢰하여 서가를 꾸리는 경우도 많았다. 다양한 형태와 방식으로 책을 독자에게 전달하려는 놀라운 큐레이션이 존재하는 공간이었다.

북토크 현장은 서가와 카페 사이에 하나의 큰 나무 테이블을 두고 대단히 가깝게 모여 앉는 자리였다. 그 전에도 비슷한 경우가 있었지만 그때는 각각의 테이블이 분리되어 얼마간 적당한 거리감이 있었는데 이번에는 지나치게 가까운 거리가 아닐까 하는 생각이 들 정도였다. 서로의 숨결이 느껴지는 거리에서 일방적인 강의가 아닌 대화 형식의 북토크가 진행되었다. 청중은 거의 독서 모임 전문가에 가까운 이들로 적극적으로 참여하여 자신의 이야기를 들려줬다. 내가 그간 진행한 강의에서는 경험하지 못했던 말 그대로의 철학책 독서 모임이 되었다. 공교롭게도 북토크의 주제는 '철학책을 읽고 대화하는 방법'이었다.

함께한 편집자는 나에 대해서 두 가지 특징을 중점에 두고 소개를 해 주었다. 하나는 철학책 편집자라는 것, 그리고 다른 하나는 출신 지역이 경주라는 것이다. 그래서 철학책에 대해 이야기하다가 중간쯤에는 지역 이야기로 넘어가서 서울과 경주를 가로질러 왔던 나의 몇몇 경계인 체험을 공유하게 되었다.

그 뒤로는 청중들이 자신들의 이야기를 풀어내는 시간이었다. 보수적인 경상도 지역 내에서 주류와 다른 정치적 신념이나 정체성을 드러내기가 어렵다는 감정적인 공유 지점이 있었고, 여느 수도권 북토크에서는 경험할 수도 없고 언급할 수도 없는 어려운 주제들이 마구마구 흘러나왔다. 어떤 분은 보수적인 구미의 분위기 속에서 어떻게 신념을 지키고 사는가에 대해서 깊은 경험을 공유했다. 다른 어떤 분은 소백산맥을 넘어 본 적 없는 중년 이상의 경상도 사람들이 얼마나 다른 의견에 열려 있지 않은지를 이야기했고, 조금 더 젊은 구미 토박이 분은 소백산맥을 넘지 않아도 진보적 생각은 가능하지만 그런 입장을 아주 소수의 사람들과만 공유할 수 있을 뿐이라고 털어놓았다. 또 다른 분은 그런 분위기 때문에 가면을 쓰고 산다고 말했다.

　이런 이야기들은 내가 수도권과 경주를 오가며 느꼈던 경험과 맞닿아 있었다. 이는 편집자가 그런 이야기를 해야 한다고 등을 떠밀지 않았더라면 결코 할 수 없었을 내면의 이야기로, 『철학책 독서 모임』에서는 직접적으로 언급하지 않았지만 내가 지향하는 모든 사상적 선택의 밑바탕에 놓여 있는 원초적 경험 중 하나였다. 앞으로 풀어야 할 철학적 과제이기도 했다.

　실제 나의 지적 성장 과정을 돌이켜 보면 어째서 '진보' 대학생이자 계몽주의자였던 나 자신이 좀 더 유연한 자세로 '두 세계' 사이의 교통에 대해 사유하는 철학과 인류학으로 이끌리게 되었는가 하는 것을 그런 경계인의 경험을 한 것에서 찾을 수 있기 때문이다. 그렇지만 나는 그런 생각이 글에는 반영되어 있지 않다고 생각했는데, 나와 같은 경계인의 경험을 한 독자들은 그런 미묘한 뉘앙스를 알아챈 것이었다. 결국 그런 자전적 사실들이 나의 책, 철학, 사상, 신념에 반영되어 있고 그것이 내가 고민하는 문제들의 근원이자 내가 기억하고 여전히 풀어내려고 애쓰는 문제였음을 북토크를 통해서 깨닫게 되었다.

나는 그제야 지역의 문제, 좀 더 구체적으로는 경상도의 문제를 경계인의 관점에서 천착해 보아야겠다고 생각하게 되었다. 뒤풀이 자리에서 알게 되었지만 이것은 서울 토박이인 편집자는 거의 인식조차 하지 못했던 문제였다. '목포·광주가 김대중 전 대통령을 사랑하듯이 구미는 박정희 도시라는 사실을 감추지 않고 자랑스러워한다'는 오래된 문제가 있다.[10] 대구·경북 최대의 지역 일간지 《매일신문》 지면에 실린 2025년의 문장이다. 서울에서는 "박정희 토템 숭배"라며 경멸의 대상이 되지만, "자기 사리사욕 안 챙기고 진짜 자기 거를 안 챙기고 국민을 위해서 봉사"했던 박정희에 대한 집합적 기억은 세대를 가로질러 대구·경북 사람

---

[10] 「박정희가 힙한 도시」, 《매일신문》, 2025월 4월 17일 자.

들에게 거의 공기처럼 자연스럽다.[11] 나 역시 밥상머리에서 늘 듣던 이야기, 일종의 민담이다.

    물론 박정희 시대에 대한 향수가 대구와 경북 지역에만 있는 것은 아니다. 하지만 경상도에는 박정희 정권이 만든 경부고속도로나 경주 보문관광단지, 구미 산업단지가 건재하며 그런 업적을 기념하는 박정희 동상이 각지에 존재한다. 단순한 상징적 기억이 아니라 세대를 넘어 전달되는 민간전승과 물질적 현실의 차원에서 일상의 분위기 속에 스며들어 있는 셈이다. 서울 토박이 편집자에게는 다소 기이해 보이는 '숭배'에도 단순한 믿음으로 환원되지 않는 그 나름의 깊은 이야기와 역사가 있다. 지역의 사람들이 무엇을 소중히 여기고 자랑스러워하는지 이해하지 못한다면, 그 사람들의 생각과 신념을 바꿀 수도 없다. 이것은 옳고 그름의 문제 이전에 존재하는 자부심과 수치심의 문제이기 때문이다.[12]

    나와 같은 경계인들은 뼛속 깊이 알고 있는 문제가 여전히 공론장에서는 제대로 공유되지도 재현되지도 않는다는 것은 수도권 지역 사람들의 어쩔 수 없는 무지의 소산인 것 같았다. 결국 에리봉의 『랭스로 되돌아가다』 같은 책이

---

[11] 최종희, 『대구경북의 사회학』(오월의봄, 2020), 268쪽.
[12] 앨리 러셀 혹실드, 이종민 옮김, 『도둑맞은 자부심』(어크로스, 2025) 참조.

인기가 있는 이유도 역설적으로 그런 지역 문제, 경계인 문제를 모르는 사람들이 많기 때문인 셈이다. 그 이야기들이 이제는 공론장에서 더욱 섬세하게 공유되어야 한다는 것을 느낀 시간이었다. 그렇게 철학과 지역성이 함께 논의되는 기묘한 자리에서 나는 철학적 읽기의 효용과 오늘의 철학이 갖는 의미를 깊이 되새겼다.

경주의 기억

1984년에 경주에서 태어나 그곳에서 20년을 살고 서울로 올라온 나는 가족과 고향으로 되돌아가기라는 서사를 그저 추상적으로만 받아들일 수 없었다. 나는 고대 유적과 보수 정치가 나란히 공존하는, 조금은 기묘한 도시 경주에서 자랐다. 경주는 내게 과연 어떤 곳이었을까? 경주로 되돌아가서 어떤 철학적 대화를 시작할 수 있을까?

경주라는 도시를 모르는 한국인은 없겠지만, 경주가 어떻게 지금의 경주가 되었는지는 잘 모르는 경우가 많다. 천년의 고도이자 세계적인 관광지로 유명한 경주가 현재와 같은 모습을 갖추게 된 것은 박정희 시대의 유산이다. 문화재 전문 언론인 김태식은 이렇게 말한다. "박정희 시대 대한민국 수도는 서울이었다. 그러나 박정희가 겨냥한 대한민국

'정신의 수도'는 경주였다."[13] 우리가 알고 있는 경주의 모습은 1971년 경주관광종합개발계획에서 시작되었다. 한국 최초의 관광단지인 경주 보문관광단지가 조성되었고 경주 전체가 문화재 공원으로 재탄생했다. 외국인 관광객 유치를 통해 외화를 획득하고, 화랑정신 아래 국민 정서를 통일시키려는 분명한 목적이 있었다. 경주는 권력자가 사랑한 도시였다.

내가 관광 신도시로 거듭난 경주에서 태어나 자란 건 어찌 보면 우연이다. 아버지는 경남 김해시 진영읍에서 태어났고 어머니는 경북 포항시 구룡포읍에서 태어났다. 두 분이 결혼하여 경주에 정착하지 않았다면 경주가 내 고향이 될 일도 없었을 것이다. 오랫동안 교정직 공무원으로 근무한 아버지의 첫 직장이 경주교도소였기에 부모님은 고향을 떠나 경주라는 타지에서 삶을 꾸려 가게 되었다. 친척 하나 없던 곳이었으니 나는 이주민의 아들로 태어난 경주 사람인 셈이다.

그렇게 반쯤은 어쩔 수 없이 경주 사람이 된 아버지는 '공안사범'이 넘쳐 나던 1980년대 경주교도소에서 교도관 생활을 시작했다. 당시 공안사범은 주로 학생 운동을 하는 대학생들이었다. 예컨대 고 김근태 의원은 1987년에 아버지

---

[13] 김대식, 「두 '박통'이 추진한 경주 국책사업」, 《시사IN》 466호, 2016년 8월 24일 자.

가 담당했던 수감자 중 한 사람이었다. 나중에 김근태 의원이 국회 활동을 하며 TV에 나올 때면 아버지는 그 시절 이야기를 들려주곤 하셨다. 당시 교도관에게 학생 운동가는 선동에 앞장서며 단식투쟁을 하는 최악의 수감자였고, "단식을 하면 건강을 해치니 밥을 먹게끔 설득하는" 돌봄 노동이 교도관의 주 임무였다.[14] 군사정권 시절의 교도관으로 일한 것이 아버지의 시대 경험이었다.

나는 지역적으로나 가족적으로나 지극히 보수적인 환경 속에서 자라난 셈이지만, 정작 경주에서 20년간 어린 시절을 보낼 때는 경주가 보수 정치의 공간이라는 관념이 전혀 없었다. 투표권도 없었던 어린 시절이었으니 당연한 것일까. 아니면 내가 지방 소도시의 비정치적인 모범생으로 살았기 때문일까.

서울의 대학교에 들어가 '진보' 대학생으로 학습되고 나서야 순진했던 어린 시절이 다시 보였다. 그래서 대학 시절에는 촛불집회나 시위에 대해 아버지나 친척들과 치열한 대화를 나누기도 했다. 서로 깊은 이해로 들어선 적은 거의 없었지만 말이다. 내가 치졸한 계몽주의적 입장에 서 있었기에 당연한 결과였을지 모른다. 그렇게 실패하는 대화를

---

[14] 「첫 여성 교정직 서기관 최효숙의 여감방 30년 체험기」, 《신동아》 569호, 2007년 2월 12일 자.

반복하다가 어느 순간부터 가면을 쓰는 삶이 이어졌다. 매일같이 얼굴을 보는 사이도 아니니 깊은 정치 이야기를 할 필요는 없었다. 경계인이란 그런 불가피한 체념 속에서 사는 존재 아닌가.

하지만 여기에 어떤 극적인 분열이나 대립이 있었던 것은 아니다. 에리봉이 랭스를 '모욕의 도시'로 여기며 그곳을 떠났고, 이연숙이 진례를 '읍면리라는 무시무시한 중력'이 작용하는 장소로 여긴 것과는 달리, 내게 경주는 좋은 기억이 더 많은 마음의 고향이다. 정치적 견해 차이는 가족과의 삶에서 큰 걸림돌이 되지 않았다. 이성애자 장남으로서, 중산층 가정의 모범생으로서 내게 맡겨진 역할을 얼마간 충실히 수행했기 때문이었을까. 이 점에서 보면 나는 지극히 평범한 경상도 출신 남자에 지나지 않았다. 정치적 이념 성향이 어떻든 생활에서는 경상도 특유의 삶의 지향인 '보수주의적 가족주의'를 은연중에 받아들이고 있었다고 말할 수도 있겠다. 이것은 경북 출신의 사회학자 최종희가 말하는 것처럼 대구·경북 사람들이 "그들만의 세계에 갇혀 고립된 '문화적 섬'"에 살고 있다는 진단을 확증해 주는 예시일까?[15]

보수주의적 가족주의라는 다소 편리한 꼬리표 붙이기

---

[15] 최종희, 『대구경북의 사회학』(오월의봄, 2020), 370쪽.

가 놓치고 있는 것이 한 가지 있다면, 애초에 가족이란 고정된 실체 같은 것이 아니라는 점이다. 가족관계는 변하고, 가족 구성원은 달라지고, 가족의 범위 자체가 계속해서 바뀌어 나간다. 1956년생 아버지처럼 육남매 가정이 비일비재했던 시대의 '가족'과, 핵가족을 넘어 이제는 1인 가구가 일반화된 시대의 '가족'이 정말 같은 개념일까? 어쩌면 보수주의, 가족주의, 폐쇄주의가 하나로 일관되게 융합되어 있다고 여겼던 추상적 관념 자체에 문제가 있을지도 모른다. 때로 추상적 관념은 현실의 미세한 변화를 따라가지 못하는 낡은 틀이 되어 버릴 수 있다.

가족뿐 아니라 '도시' 역시 그렇다. 경주는 권력자에 의해 재탄생된 관광도시이지만 그것으로 환원되는 것은 아니다. 예를 들어 박정희는 경주 남산에 널려 있는 수많은 작은 유물들을 관광객에게 보여 줄 필요가 없는 것으로 여기고 박물관으로 옮겨 전시하고자 했다. 그러나 경주 지역민들은 인문지리학자 김지영이 보고하듯 "1970년대 초반에 이미 경주 남산 전체를 '노천박물관'이라 부르며 남산에 있는 과거의 수많은 종교 유산이 마치 전시 공간처럼 분포되어 있다고 인식하고 있었다."[16] 내가 1990년대 경주 남산에 오

[16] 김지영, 「야외박물관으로서의 경주 남산 만들기」, 《문화역사지리》 36권 2호 (2024), 102쪽.

르며 부모님에게 매번 듣던 이야기가 바로 저 노천박물관 서사였다. 경주 남산이 유네스코 세계유산으로 등재된 것은 수백 번, 수천 번 경주 남산에 오르며 그 문화적 의미를 재구성한 지역문화공동체와 지역민들의 역할 덕분이었다. 결국 경주를 지금의 모습으로 만든 것은 일상을 살아가는 경주 시민들이었던 것이다. 권력자의 시선으로만 세상을 보면 이런 작은 움직임이 보이지 않는다.

바깥에서 무관심하게 바라보면 대구·경북 지역이 한결같은 '보수의 심장'으로만 보이겠지만, 그곳 역시 변화한다. 박정희 신화를 둘러싼 세대 갈등이 있고,[17] 이주 노동자들이 점점 늘어나며 다문화 가정을 꾸리고, 세련된 독립서점이 하나둘 생겨나고, '금리단길'이나 '황리단길' 같은 새로운 상권이 형성되어 도시의 풍경이 변한다. 시간을 두고 보면 어떤 도시도 결코 정체된 장소가 아니다. 진보나 보수 같은 거대한 이분법으로는 인지할 수 없는 작고 사소한 차이와 변화에 초점을 둘 필요가 있다. 도시든 사람이든 가족이든 말이다.

---

[17] 최종희, 『대구경북의 사회학』(9월의봄, 2020), 292쪽.

가족은 고칠 수 있다

가족에 대한 철학적 성찰을 한 가지 덧붙여 보자. 일본 철학자 아즈마 히로키는 『정정 가능성의 철학』에서 가족의 개념을 새롭게 사유한 바 있다. 철학은 플라톤 이래로 가족을 사적이고 닫힌 공동체로 간주하며 경계해 왔다. 에리봉이 그러했듯 공공성을 지니기 위해서는 가족을 부정해야 한다고 여겼다. 그런데 아즈마는 가족을 '정정 가능성의 공동체'로 재정의한다.

가족은 결코 고정되어 있지도 폐쇄되어 있지도 않다. '같은 가족'이라는 이름 아래 구성원을 바꾸고, 외부와의 관계 속에서 끊임없이 재조정된다. 결혼을 해서 새로운 가족을 구성하거나, 다른 가족과 합치거나, 결별을 거쳐 새로 구성된다. "그럼에도 자기들은 '같은 가족'이고 전통을 지키고 있다고 주장할 수 있다."[18] 그래서 가족은 역설에 의해 성립한다. 가족 안에서는 전통을 지키는 일과 전통을 바꾸는 일이 결국 다르지 않기 때문이다. 오히려 그 기묘한 이중성이야말로 가족의 지속 가능성을 보증한다.

아즈마는 가족 관계의 역동성을 세 가지 특성으로 설

---

[18] 아즈마 히로키, 김경원 옮김, 『정정 가능성의 철학』(메디치미디어, 2024), 84쪽.

명한다. 첫째, 우리는 누구와 가족이 될지를 선택할 수 없다.(강제성) 둘째, 우연히 주어지는 가족 관계에는 필연적 이유가 없다.(우연성) 셋째, 가족의 경계는 언제든 변화할 수 있다. 이주, 결혼, 결별 등의 방식으로 가족 구성원의 내실은 유연하게 바뀐다.(확장성)

가족, 곧 정정 가능성의 공동체란 이미 동질적인 무언가를 공유하는 사람들이 아니라, 서로의 말과 행동을 정정할 수 있다는 믿음을 공유하는 사람들의 유동적인 연합이다. 가족 구성원은 서로에게 영향을 끼치며 때로 상처도 주지만, 동시에 관계를 유지한 채 서로를 바꿔 갈 수도 있다. 가족이라는 정정 가능성의 공동체는 완성된 합의의 상태에 머물러 있지 않으며, 견딜 수 있는 불일치의 상태를 부단히 다시 만들어 나간다. 그렇기에 우리는 때로 가족과 다투면서도 여전히 그들과 함께 살아가려 애쓴다. 정치적 차이가 있고 살아가는 세계가 달라도 서로를 조금씩 움직여 나간다.

"TK의 콘크리트는 TK의 딸이 부순다." 2024년 겨울 대통령 윤석열 탄핵을 촉구하는 집회에서 나온 이 글귀는 대구에 사는 페미니스트 김소결의 말이다. 보수의 심장이라고 불리는 땅에서 가장 보잘것없는 존재로 취급받던 '딸'이 균열을 내는 주체로 등장했다.

처음 김소결은 이 문장을 "TK의 콘크리트는 TK의 딸들에 의해 부서질 것이다."라는 수동태로 쓸 수밖에 없었다고 말한다. 아무도 없는데 혼자 앞장서는 게 아닐까 싶어 겁이 나서다. 그런데 이 말이 SNS에서 유행하고 챌린지가 이어지면서, 어느새 문장은 능동태로 바뀌어 있었다. 전라도의 딸, 강원도의 딸, PK(부산·경남)의 딸이 연대한다는 말이 파도처럼 쏟아졌다.

이런 변화는 서울의 진보 세력이 대구를 '계몽'해서 일어난 것이 아니다. 김소결은 『백날 지워봐라, 우리가 사라지나』에서 "서울 집회에는 늘 영남의 목소리가 없었던 것 같아요. '영남은 안 바뀐다'는 말이 귀에 박혀 버린 나머지, 우리가 들려줄 수 있는 목소리조차 지워진 느낌이었어요."라고 회상한다.[19] 이 말은 계몽적 태도의 한계를 정확히 지적한다. 'TK의 딸'들은 이미 그곳에 있었고 변화의 계기를 품고 있었지만, 계몽 담론은 TK를 오직 바뀌어야 할 존재, 혹은 결코 바뀔 수 없는 존재로만 간주해 왔다.

정정 가능성의 관점에서 보면 이야기는 달라진다. 페미니스트 김소결은 'TK'라는 지역성과 '딸'이라는 가족 내 위치성을 동시에 가지고 있다.(강제성) 그는 가족 공동체를 떠나지 않으면서도(우연성), 그 의미를 정정해 나간다.(확장성)

---

[19] 최나현·양소영·김세희, 『백날 지워봐라, 우리가 사라지나』(오월의봄, 2025), 59쪽.

"TK의 콘크리트는 TK의 딸이 부순다."라는 말은 TK를 파괴하자는 선언이 아니다. 그것은 TK가 무엇인지를 당사자의 입장에서 새롭게 정의하겠다는 다짐이다.

이 장의 첫머리에서 언급했던 "극우 지지자들과는 친구가 될 수 없다."라는 말은 절박한 심정에서 비롯되었지만, 동시에 관계의 단절을 정당화하는 냉소적 이성이 깃들어 있다. 그러나 정치적 변화는 냉소의 언어가 아니라, 타인의 말에 다시 귀를 기울이는 노력에서 출발한다. 반복해서 물어야 할 질문은 이런 것이다. '우리'가 듣지 못한 것은 아닐까? '극우 지지자'라는 범주화가 그 아래에서 일어나는 변화를 보지 못하게 하는 인식의 장애물은 아닐까? 그들을 주저 없이 비판하면서도 정작 나의 말과 행동은 고집스럽게 지켜왔던 것은 아닐까?

철학은 타인을 계몽하기가 아니라, 타인의 말과 감정이 들릴 수 있는 조건을 회복하기에서 시작한다. 바뀌지 않는 '그들'을 비난하지 말고 이미 바뀌고 있는 그들의 모습을 어째서 볼 수 없었는지에 주목해야 한다. 중요한 것은 동료 시민을 가르치려 들기 전에, 지금 말하고 있는 동료 시민의 목소리를 놓치지 않는 일이다.

때로 기억은
현실보다 강력하다

프랑스 작가 아니 에르노는 노르망디 지방의 소도시 이브토 출신이다. 그는 고향에 잠깐 들렀다 올 때마다 새로 생겨난 건물과 상점을 보게 되지만, 오늘날의 모습은 마음에 남지 않고 즉각 잊고 만다고 쓴다. 바뀌고 새로운 것들은 망각되지만, 오래전 마음속에 새겨진 기억은 현실보다 강력해서 계속 되돌아온다는 것이다. 그래서 그는 이렇게 덧붙인다. "기억은 현실보다 훨씬 강력합니다." 에르노에게 이브토는 기억의 도시이자 기억의 영토다. 세계에 대한 배움이 일어났고, 욕망과 꿈과 수모로 채워진 영토. 실제 도시와는 아주 다른 주관적 영토. 그곳은 "체험의 영토"다.[20]

각자의 고향, 가족, 기억은 같지 않다. 같은 지역이라도 체험이 다르고, 같은 체험조차 전혀 다른 기억으로 새겨진다. 각기 다르게 살아온 세계는 물리적 장소이기 이전에 감정의 층위로 구성되어 있다. 그것이 체험의 영토다. 체험은 객관적인 공간에서 일어나는 것이 아니다. 나이, 계층, 거주지, 교육 같은 사회적 조건과 감정적 관계의 결을 따라 달리

---

[20] 아니 에르노, 정혜용 옮김, 『아니 에르노: 이브토로 돌아가다』(사람의집, 2023), 15~16쪽.

형성된다. 그러니 순전히 객관적이고 벌거벗은 기억이나 체험은 있을 수 없다. 잊었다고 믿었던 장면들, 말하기 꺼려졌던 기억들, 숨기고 싶었던 감정들이 모여 있는 곳. 그곳이야말로 다시 사유해야 할 자리다.

　랭스, 김해, 경주 같은 지명은 행정 문서에 기입된 단순한 경계처럼 보일지 모른다. 그러나 그곳을 살아온 이들에게는 자부심과 수치심, 애정과 모욕, 양가감정이 켜켜이 쌓인 감정의 지층이다. 어떤 지역의 사람들이 특정 정당을 반복해 지지하거나 외면하는 정치적 결정에는 언제나 단순한 이념이 아닌, 말해지지 않은 긴 이야기가 숨어 있다.

　그렇기에 단순한 정체성이나 정치적 진영만으로 타인을 판단할 수 없다. 랭스든 김해든 경주든 그곳에 사는 이들은 단지 '보수 정당 지지자'가 아니다. 각자의 방식으로 삶을 견뎌 낸 사람들이다. 이 너무나도 독특한 세계들에 대해 무언가 제대로 된 말을 이어 가려면, 그 긴 이야기를 들여다보고, 다시 묘사하고, 되돌아가 보아야 한다. 그 모호한 상태를 인정하는 것에서부터 정치적 사유는 다시 시작되어야 하지 않을까. 정치란 결국 우리가 사랑했던 이들과의 관계를 온전히 적대화하지 않으면서도 그 안의 문제를 직시하는 언어를 찾는 일이 아닐까.

　우리는 각자의 기억과 체험을 가지고 있고, 그것은 단

하나의 이론으로 환원되지 않는다. 에르노가 말하듯 "기억은 원할 때 열고 닫는 옷장"이 아니기 때문이다.[21] 그래서 말이 필요하고, 대화가 필요하다. 우리가 경험한 서로 다른 관점들과 기억들을 공유하고, 거기서 일어나는 충돌을 감당할 수 있을 때 비로소 함께 살아가는 일, 곧 좋은 정치가 가능해진다.

이제 조심스럽게 묻고 싶다. 당신의 랭스는 어디인가? 다시 되돌아가야만 하는, 그러나 말하기 어려운 장소의 이름은 무엇인가? 그 이름을 조용히 꺼낼 수 있을 때 자신과 세계를 다시 이해할 수 있을 것이다. 그때 조금은 더 나은 방식으로 가족 이야기를, 결국 정치 이야기를 다시 쓸 수 있을지도 모른다.

---

[21] 아니 에르노, 같은 책, 102쪽.

동료에게 말 걸기

2

[3장]
말이 어긋나는 시대에 말 걸기
―괄호를 벗기고 말한다는 것

돌아가신 아버지와는 사이가 좋았다. 그러나 정치가 화제로 오르기만 하면 분위기는 금세 싸늘해졌다. 어느 날인가 말싸움처럼 대화가 끝났을 때 나는 홧김에 "책 한 권 안 읽는 사람과는 대화할 수 없다."라고 쏘아붙였다. 아버지는 조용히 반문했다. "그럼, 문맹인 내 친구는 사람이 아니란 말이냐?" 나는 아무런 말도 할 수 없었다.

아버지는 글을 읽지 못하는 친구의 삶이 그 자체로 존엄하다고 말하고 있었다. 반면 나는 읽는 사람과 읽지 않는 사람, 말이 통하는 사람과 통하지 않는 사람을 미리 갈라놓고 있었다. 어떤 유형의 사람은 아예 말 걸어 볼 필요조차 없는 존재로 규정해 버린 셈이다. 마치 극우 지지자들과는 친구가 될 수 없다고 섣불리 단정 짓는 것처럼. 그러나 이런 태도는 애초에 '대화 불가능한 절대 타자'를 만들어 버리는 일이다. 그것은 말 걸기를 시작부터 가로막는 오류다.

인생이란 무엇인가? 이 아득한 질문 앞에서 선뜻 답할

수 있는 사람은 드물다. 하물며 그것이 타인의 인생이라면? 더욱 말문이 막히기 마련이다. 그렇지만 때때로 나의 인생뿐 아니라 타인의 인생에 대해 무언가 말해야 하는 순간을 맞닥뜨리게 된다. 누군가의 죽음을 애도할 때, 친구의 정치적 선택을 이해하려 할 때, 한 세대의 삶을 해석해야 할 때. 혹은 사회적 낙인 아래 놓인 약자를 옹호하거나, 왜곡된 서사를 바로잡기 위해 그의 이야기를 다른 방식으로 다시 말해야 할 때.

이 어려움 앞에서 아무 말도 하지 않는다면, 그 관계는 거기서 멈춘다. 괄호를 닫은 채 타인의 말을 있는 그대로 인용하는 데서 그친다면, 아무런 해석도 논평도 덧붙이지 않는다면, 그보다 더 깊은 관계를 맺지 못한다. 지나친 존중은 때로 무관심이기도 하다.

괄호를 벗기고, 인용 부호를 걷어 내고, 나의 언어로 타인의 인생을 다시 말하는 것. 다시 말하기란 곧 무수한 위험을 감수하는 일이다. 일상 속에서도 그런 순간을 마주한다. 친구가 울먹이며 자신의 이야기를 꺼냈을 때 나는 망설인다. 어떻게 반응해야 할지, 무슨 말을 던져야 할지, 그저 들어주기만 할지, 아니면 조심스레 조언을 건넬지. 타인의 인생을 다시 말하는 일은 늘 조심스럽고 때론 부담스럽다. 그러나 그 부담을 감수하지 않고는 진심 어린 대화도, 성찰도 시작되지 않는다. 어긋남과 오해의 가능성을 받아들일 때 비로소 대화의 문턱에 선다.

'이대남'과 대화하기

서로 말이 통하지 않는 시대에 어떻게 다시 말을 걸 수 있을까? 우선 실패한 대화에서 시작해 보자. 인류학 연구자 안희제의 『증명과 변명』은 흔히 이대남(20대 남자)으로 불리는 한 청년 남성과의 대화를 기록한 책이다. 자살을 예고한 친구 우진의 극단적 선택을 막기 위해 시작된 대화다. 우진은 수능, 연애, 군대, 취업, 결혼이라는 'K-타임라인'을 따라 정상성을 증명하는 데 실패하며, 끝내 자신의 삶에 시한부 선고를 내리고 만다.

이 책은 단순한 인터뷰가 아니다. 우진의 삶을 붙잡으려는 시도이자, 그를 통해 한국 청년 남성이 겪는 현실을 깊이 들여다보려는 인류학적 분석의 기록이다. 여기서 중요한 것은 청년 남성 일반의 통계나 범주화가 아니라, 정상적인 삶의 경로를 따르지 못한 한 사람이 왜 자기 삶을 설명할 언어조차 갖지 못했는가라는 물음이다. 한국 사회는 청년 남성을 '이대남', '잉여', '루저' 등 다양한 이름으로 불러 왔지만, 그 이름 아래 실존을 가진 개인들의 생활사는 좀처럼 말해지지 않는다. 이 책은 바로 그 침묵의 자리에서 출발한다. 풍문에 만족하지 않고 현장으로 걸어 들어간다.

저자 희제는 친구 우진의 삶을 이해하기 위해 자신에게 익숙한 학술 언어로 대화를 풀어 나가지만, 매번 고민에 빠진다. 이 해석이 우진이 원하는 방식일까? 내가 덧붙이는 분석이 오히려 상처를 입히는 건 아닐까? 실제로 책에는 우진이 희제의 분석을 낯설어하거나 때로는 반박하는 장면이 적지 않다.

그래서 『증명과 변명』은 완결된 논문이나 잘 짜인 서사라기보다 일종의 연구 노트에 가깝다. 망설임과 혼란, 주저함이 그대로 남아 있는 글이다. 이 책은 완성된 이론을 단번에 제시하지 않고, 두 사람의 치고받는 대화 속에서 이론이 생겨나고 시험대에 놓이고 흔들리며 재조정되는 과정을 가감 없이 보여 준다. 그렇기에 대화에서 일어나는 일을 들여다보기에는 오히려 더 유용하다.

이러한 대화가 통상적인 즉흥적 기록에 그치지 않고 온갖 이론과 철학을 동원해 해석되는 것이 다소 과장되거나 과잉처럼 느껴질 수도 있다. 그러나 "한 사람을 공부하는 것은 한 사람을 둘러싼 세상을 공부하는 일"이다.[1] 구

---

[1] 이호연·유해정·박희정, 『당신의 말이 역사가 되도록』(코난북스, 2021), 175쪽.

술 기록자들이 한결같이 강조하듯, 한 사람의 말에 담긴 함의를 읽어 내기 위해서는 그 말이 나온 맥락과 출처를 되짚고, 왜 그 말을 택했으며 어떻게 자기 것으로 삼았는지 추적할 필요가 있다.

말의 계보를 추적하는 일은 상대를 더 깊이 이해하게 해 준다. 이때 대화란 현재 순간에 일어나는 일로만 축소되지 않는다. 말은 언제나 타자의 것이며, 그것을 자기 방식대로 사용할 때조차 여전히 타자에게 특정한 방식으로 매여 있다. 순간의 말 속에 긴 역사와 감정의 연쇄가 들어 있다. 그 연쇄를 따라갈 수 있을 때, 대화 상대자와 더불어 더 나은 대화를 다시 시작할 수 있다.

아니, 이게 왜 웃겨?

책 서두에 나오는 대화부터 의미심장하다. 희제가 "나는 너의 이야기가 되게 중요하다고 생각했어. 아니, 이게 왜 웃겨?"[2]라고 묻자, 우진은 "내 이야기의 어디가 어떻게 왜 도움이 되는지" 궁금하다고 되묻는다. 우진의 입장이었다면 누구나 비슷하게 느끼지 않았을까? 학교-수능-연애-군

---

[2] 안희제, 『증명과 변명』(다다서재, 2024), 14쪽.

대-취업-결혼으로 이어지는 전형적인 타임라인 속의 평범한 인생이 과연 기록될 가치가 있을까? 그러나 저자는 평범한 이야기를 서사화하는 일이야말로 중요하다고 말한다. 서사가 사라진 곳에는 정보만 남고, 파편적인 정보만으로는 '이대남', '이대녀', 'MZ세대' 같은 허상만 양산될 뿐이기 때문이다. 그런 허상으로는 한 개인의 진실에도, 한 집단의 진실에도 결코 가닿을 수 없다.

우진은 대화 속에서 '증명'이라는 단어를 자주 반복한다. 수능도 주식 투자도 여자에게 번호를 따는 일도 모두 자신의 능력을 증명하려는 시도였다. 대학 입시 실패 뒤 주식과 코딩으로 이어지는 자기계발의 루프는 증명과 불안이 서로를 강화하는 폐쇄 회로가 되었다. 우진은 '좋은 삶'이라는 이상적인 생애 경로에 집착하지만, 그 과정에서 실패는 개인의 탓으로 전가되고 자신의 좌절을 설명할 언어조차 사라지고 만다. 자신을 증명하려는 끝없는 노력은 곧 우울과 강박으로 되돌아왔고, 좋은 삶의 약속은 잔인한 낙관으로 돌변했다. "패배도 정신 승리도 선택할 수 없었던 우진은 다시금 지긋지긋한 증명의 굴레에 빠지고 만 것이다."[3] 실패의 반복은 결국 자기 파괴의 기획으로 이어진다.

[3] 안희제, 같은 책, 195쪽.

『증명과 변명』이라는 제목은 겉보기에 우진의 이야기 같지만, 책 전체를 관통하는 증명은 저자에게도 부메랑처럼 되돌아온다. "사실 그건〔책을 쓰는 건〕나에게도 증명이었던 거야."[4]라는 저자의 고백은, 이 책이 친구의 삶을 해석하는 동시에 자기 자신을 설명하는 작업임을 드러낸다. 이 이중의 증명 과정은 저자 역시 한국 청년 남성에게 요구되는 압력에서 자유롭지 않음을 보여 준다.

게다가 이 책은 결코 일방적인 분석이 아니다. 말은 자주 어긋나고, 분석도 완결되지 않는다. 우진은 희제가 제시하는 자신에 대한 분석을 공격이라기보다 "권고와 애정"이라 부르며 관계 맺기의 시도로 받아들인다. "얘가 이런 말을 했을 때는 어떤 의도였을까? 그러니까 단순히 공격을 한 거였으면 나랑 친구를 안 했을 것 같은데. 그러지 않았을까?"[5] 하고 친구의 마음을 상상하는 것이다.

그러니까 저자 희제만이 분석가의 위치에 서 있는 것이 아니다. 분석당하는 우진 역시 희제의 마음을 헤아리고 되레 분석한다. 어디까지나 상대를 더 깊이 이해하려는 마음에서다. 이 관계적 대화는 두 사람이 서로의 취약함을 '변명'하는 시간 속에 잠시 머물게 한다. 그 변명의 시간이야말로

[4] 안희제, 같은 책, 244쪽.
[5] 안희제, 같은 책, 248쪽.

이 책을 가능케 한 힘이며, 어쩌면 우정의 의미일지도 모른다. 최소한 두 사람은 우정 어린 대화의 가능성을 믿었기에 자신들의 대화를 기록해 우리에게 건넸다. 우진의 삶이 한마디로 요약될 수 없다면, 다른 모든 삶들도 그러하리라는 것을 믿으면서.

이른바 이대남 현상을 설명할 때 많은 이들이 청년 남성의 비도덕성이나 극우화를 지적한다. 그런 설명은 결정적인 사실 하나를 놓친다. 그들 모두가 어떤 방식으로든 '자신을 증명하라'는 압박과 강박 속에서 살아가고 있다는 점이다. 한국 사회가 암묵적으로 강요하는 남성성의 기준에 미치지 못하는 남자들은 그 내부에서조차 탈락자로 내몰린다. 『증명과 변명』은 이 증명과 변명의 드라마가 한국 남성성의 형성에 얼마나 깊이 관여하는지를 우진의 삶을 통해 드러낸다. 그럼으로써 내면의 상처를 입은 남자들의 초상을 섬세하게 그려 낸다. 어쩌면 이런 취약함을 함께 나눌 수 있는 대화의 자리 자체가 애초에 마련되지 않았던 것은 아닐까?

물론 그들의 고통을 이해하는 것과 그 고통에서 비롯된 행동을 정당화하는 것은 전혀 다른 문제다. 요점은 변화의 방향을 찾으려면 먼저 그 고통의 뿌리를 짚어 내야 한다는 것이다. 요즘 청년 남성들이 '이상한 것'을 믿는다면, 그것은 자기 자신에 대한 제대로 된 서사와 이론이 부재했기 때문일지도 모른다. 지성사 연구자 이우창이 말하듯 "비단 한국 사회만이 아니라 페미니즘의 부상을 경험한 거의 모든 사회가 아직 청년 남성의 역할과 지위를 명시한 정치적-사회적 서사를 창출하지 못하고 있다."[6] 그 빈자리를 그릇된 혐오 담론이 차지한 것은 아닐까.

가까운 사이인 두 청년 남성 사이에서도 말은 끊임없이 어긋나고 질문은 공회전한다. 책도 뚜렷한 결론을 내놓진 못한다. 변명 들어주기로 끝난 이야기처럼 보일 수도 있다. 그러나 실패한 말 걸기의 기록은 거듭된 실패를 통해서만 다시 말하는 법을 간신히 배울 수 있다는 사실을 일깨우기도 한다. 좋은 대화란 서로의 몰이해를 붙들고 끝내 상대를 포기하지 않는 지난한 노력 속에 있는지도 모른다. 어쨌거나 우진은 다시 살아 보기로 했다고 한다. 대화는 어긋났지만 끝나지는 않았다.

개념과 언어를 바꿔야 할 때

대화가 어긋날 때 어떻게 서로를 이해할 발판을 마련할

---

[6] 이우창, 「안티페미니즘 전략의 형성에서 음모론적 남성성의 등장까지」, 『폭주하는 남성성』(동녘, 2025), 200쪽.

수 있을까? 말이 자꾸만 비껴가는 상황에서도 다시 말하고 듣기 위한 조건은 무엇일까? 기시 마사히코의 『망고와 수류탄』은 타인의 말을 자신의 언어로 다시 말하는 일이 중요하다고 답한다. 괄호 속에 가둔 채 남겨 두어서는 안 된다. 괄호를 벗기고, 인용 부호를 걷어 내고, 나의 언어로 타인의 인생을 서술하는 일이다.

　기시 마사히코는 사회학자다. 그는 구술 청취를 통한 생활사 조사로 타인의 인생을 연구한다. 그에게 구술 청취란 녹음기를 켜서 말을 받아 적는 일이 전부가 아니다. 구술자와 함께 앉아 먹고 머물며, 그 삶의 배경을 이루는 사회 구조와 역사까지 들여다보는 일이다. "그리고 그 대화는 구술 청취가 끝난 뒤에도 언제까지고 이어진다."[7] 그런데 구술된 인생 이야기와 거시적인 사회 구조는 어떻게 연결될 수 있을까? 한 개인의 짧은 고백이 어떻게 수십 년을 가로지르는 역사와 만날 수 있을까?

　어떤 점에서 철학이나 이론은 '소 잃고 외양간 고치기'와 비슷하다. 실제 일이 벌어질 때의 즉각적 대응이 아니라 이미 한 발 늦은, 다음 말하기를 위한 준비 과정이기 때문이다. 『망고와 수류탄』에는 구술 사례들이 다수 등장하지

---

[7] 기시 마사히코, 정세경 옮김, 『망고와 수류탄』(두번째테제, 2021), 18쪽.

만, 직접 분석하기보다는 오히려 구술된 이야기를 통해 "역사와 구조를 분석하기 위한 준비"[8]에 집중한다. 이 점에서 이 책은 철학적 시도라 할 수 있다. 구술된 이야기를 현장에서 들었을 때는 미처 깨닫지 못했던 역사와의 연결고리를 뒤늦게 발견함으로써, 대화를 더 깊게 이어 가기 위한 방법론을 치밀하게 탐구하고 있기 때문이다.

그런데 왜 그런 책의 제목이 '망고와 수류탄'일까? 처음에는 다소 생뚱맞게 느껴진다. 하지만 책을 읽다 보면, 이 제목이 단순한 은유가 아니라 한 구술 현장에서 나온 것임을 알게 된다. 이야기를 간략히 옮기면 이렇다. 1945년 오키나와 전투가 일본군의 패배로 끝나갈 무렵, 한 오키나와 여성이 일본군에게서 두 개의 수류탄을 건네받고 가족과 함께 집단 자결을 강요당했다. 그녀는 아버지의 피를 온몸에 뒤집어쓴 채 살아남았고, 그 기억을 70년 넘게 가슴속에 묻고 지냈다. 그리고 2015년, 구술 청취를 위해 찾아온 기시 마사히코와 그의 제자들에게 그녀가 먹기 좋게 손질해 건넨 것이 바로 몇 개의 다디단 망고였다.

당연하게도 그 여성이 구술한 이야기 속에는 망고가 등장하지 않는다. 질문지에도 녹음기에도 망고 이야기는 담

---

[8] 기시 마사히코, 같은 책, 15쪽

겨 있지 않았다. 망고를 건네준 장면은 구술된 이야기 바깥의 사소한 사건으로 잊힐 수도 있었다. 하지만 기시 마사히코는 이야기를 현실과 분리하지 않는다. 그는 이야기와 현실을 연결하는 사소한 디테일의 중요성을 말한다. "디테일을 기록하는 것은 '그것을 통해서' 무엇인가를 이해하기 위한 것이 아니다. 우리들이 디테일을 기록하는 것 자체가 이미 어떤 '이해'인 것이다."[9]

망고와 수류탄을 나란히 놓을 때, 70년 전의 참혹한 전쟁 이야기와 현재의 평화로운 구술 현장 사이의 대비는 강화된다. 일본군에게 수류탄을 받았으나 이제 그 후손인 일본인에게 다디단 망고를 건네는 오키나와 여성의 평화를 향한 의지가 은연중에 드러난다. 이렇듯 생활사 조사자가 포착해 낸 사소한 디테일은 구술된 인생 이야기를 역사와 구조에 다시 연결시킨다. 그것은 단순한 부연 설명이 아니다. 이것이 바로 타인의 인생을 나의 언어로 다시 말하는 일이다.

이 점에서 수류탄과 망고는 전쟁과 평화의 상징에 머물지 않는다. 그것은 생활사 조사자와 구술자 사이에서 어렵게 달성된 '이해'를 이제 독자와의 사이에서 다시 한 번 조심

[9] 기시 마사히코, 같은 책, 126쪽.

스럽게 달성해 보려는 시도를 표현한다. 폭력의 기억이 다디단 과일의 향으로 이어지는 그 순간, 누군가의 인생이 시간과 장소를 건너와 우리 안에서 생생히 되살아나는 경험을 하게 되기 때문이다. 그렇기에 『망고와 수류탄』은 단순히 구술을 옮겨 적은 책이 아니다. 타인의 말과 이야기를 진지하게 받아들이기 위해서는 그것을 나의 언어로 다시 말하고 표현해야 하며, 때로는 그에 맞게 나 자신의 이론과 언어까지도 바꿀 수 있어야 한다고 요청하는 책이다.

가령 사회적 차별을 받은 것이 분명한 어떤 구술자가 "나는 차별을 받은 적 없다"고 말한다면, 이 말을 어떻게 듣고 기록해야 할까? "그건 착각입니다."라며 가르치듯 교정하면 될까? 아니면 '그렇다면 차별은 없었던 걸까……' 하며 조용히 고개를 끄덕이고 그 말을 그대로 받아들여야 할까? 어쩌면 잘못된 것은 그 사람의 말이나 이야기가 아니라, 그동안 너무나 익숙하게 사용해 온 '차별'이라는 개념일지도 모른다. 겉으로 드러나는 불이익이 없었다 해도, 누군가는 평생을 '너는 우리와 달라'는 말을 눈빛과 침묵과 농담 사이에서 듣고 살아왔을 수 있다. 그런 행간을 읽어 내려면 나 자신의 개념을 바꿔야 한다. '차별'이라는 말이 담아내지 못했던 미세한 경험의 층위를 '동화와 타자화'라는 새로운 언어로 불러내면 어떨까. 이는 기시 마사히코이 다른 저서

제목이 된다.[10]

『망고와 수류탄』이라는 책은 이야기하고 대화하는 존재로서의 인간을 다시 돌아보게 만든다. 인간은 이야기를 통해 현실을 살아간다. 이야기는 단지 이야기로 머물지 않는다. 어떤 순간에는 이야기로 구원받기도 하고, 또 어떤 순간에는 『증명과 변명』의 우진처럼 이야기 때문에 죽음 앞에 서기도 한다. 그렇지만 대화를 통해 각자가 바라본 서로 다른 현실의 이야기를 공유할 수도 있다.

그럴 때 대화는 각자의 삶과 현실을 나누는 매체가 된다. 이야기된 현실에 서로가 개입할 수 있다는 점에서, 다시 말하는 일은 작고 약해 보여도 여전히 유효한 관계 맺기의 가능성이다. 이때 이야기는 길 한가운데 놓인 조약돌처럼 작지만 단단한 실재가 된다. 서로 공유하는 이야기가 약속처럼 존재하기 때문이다. 기시 마사히코는 이를 "약속으로서의 실재론"[11]이라 부른다. 이는 서로의 언어와 이론을 조정하여 마침내 도달하는 어떤 공통의 이해를 가리킨다. 실패한 대화조차 결코 무용하지 않았다는 말이기도 하다.

『증명과 변명』이 거듭된 실패 속에서도 이야기라는 약속을 포기하지 않으려는 끈질긴 대화의 실천을 보여 주었다

---

[10] 岸 政彦, 『同化と他者化: 戰後沖繩の本土就職者たち』(ナカニシヤ出版, 2013).
[11] 기시 마사히코, 정세경 옮김, 『망고와 수류탄』(두번째테제, 2021), 23쪽.

면, 『망고와 수류탄』은 대화를 반복하면서 어떤 규범적 관계 안으로 얽혀 들어가는 과정을 묘사한다. 대화를 이어 갈수록 상대가 말하는 이야기의 내용에 관여하게 되고, 그만큼 책임도 따른다. 타인의 인생을 나의 언어로 다시 말하는 일은 그 책임과 약속에 내가 얼마나 부응할 수 있는가에 대한 끝없는 시험이다. 그렇게 말의 어긋남과 오해로부터 도망치지 않고, 실패의 자리에 조용히 멈춰 서서 다시 말을 걸 수 있는 길을 천천히 찾아 나가는 것이다.

한번 생각해 보자. 누군가 나에게 고함치고, 여러 사람 앞에서 지적하며, 오류의 꼬리표를 붙였을 때 과연 내 생각이 바뀐 적이 있었을까? 아니면 나를 따로 불러 이야기하고, 나와의 관계를 존중하며, 자신도 비슷한 실수를 한 적이 있다고 고백할 때 비로소 내 생각이 조금은 달라졌을까?

올바른 비판을 위해서라도 지지와 돌봄이라는 기본 조건이 성립되어야 한다. 비판은 공통된 지반을 공유하는 사람들 사이에서나 가능하다. 서로 다른 행성에 사는 것 같은 사람들 사이에서는 먼저 관심사의 공유가 필요하다. 전면적 거부도 완전한 동조도 아닌, 들쑥날쑥한 세상을 함께 살아가는 동료로서 중간 지대에서 타협과 비판의 전선을 함께 그려 가야 한다. 그럴 때 지지자인 동시에 비판자가 될 수 있다.

말하지 못한 순간들을 말하기

나는 이 책들을 읽으며 오래전 실패로 남아 있던 한 대화를 떠올렸다. 그때는 의미를 제대로 이해하지 못했지만, 이제는 그 순간을 소중히 되새긴다. 기시 마사히코가 말했듯 대화는 구술 청취가 끝난 뒤에도 언제까지고 이어진다. 대화란 꼭 그 자리에서 완성되는 것이 아니다. 어떤 대화는 시간이 흐른 뒤에야 비로소 좋은 대화가 되기도 한다.

아버지와의 그 대화에서 내가 "책 한 권 안 읽는 사람과는 대화할 수 없다."라고 쏘아붙였을 때, 아버지는 반문했다. "문맹인 내 친구는 사람이 아니란 말이냐?" 그 말은 내가 미리 선을 긋고서 말을 걸어 볼 가치조차 없는 사람들을 '대화 불가능한 절대 타자'로 분류하고 있었음을 정확히 지적한 것이었다. 내가 행했던 은연중의 구별 짓기는 말 걸기를 시작부터 가로막는 오류이자, 타인의 합리성을 이해하려는 노력을 포기한 것이나 다름없었다.

지금에 와서야 나는 아버지의 한마디가 품고 있던 윤리를 조금은 이해하게 되었다. 대화는 언제나 불완전하고, 이해는 언제나 부분적이다. 그러나 미리 사람을 범주화해 놓고서 아무런 대화도 시도하지 않는다면 더 큰 폭력과 몰이해를 낳을 뿐이다. 그렇기에 더욱더 말을 걸어야 한다. 완전한 이해는 어렵더라도, 부분적인 이해는 언제나 가능하다.

기시 마사히코는 "하나의 짧은 이야기에 수십 년에 걸친 시간이 동시에 존재한다는 것, 복수의 과거가 현재 안에 포개져 있다는 것이야말로 이야기를 역사와 구조 안에 놓고 생각하게 한다."[12]라고 말한다. 이 말에 비추어 아버지와의 짧은 대화를 돌아보면, 그 안에는 서로 다른 세대가 체험한 시대적 조건이 포개져 있었음을 볼 수 있다. 이 대화 속에는 여러 시간이 겹쳐 있었다.

나의 시간대에서 문맹은 더 이상 친구로 만나기 힘들다. 그러나 1950년대 경남 진영읍이라는 아버지의 시간대에서는 그것이 특별한 예외가 아니었다. 고등교육이 일반화되지 않았던 시절, 문맹은 부끄러운 일이었어도 낯설지 않은 현실이었다. 결국 같은 가족이라도 같은 세계를 산 것은 아니었기에, 나는 내 경험 바깥의 세계를 상상하지 못했고 나의 언어 역시 그 세계에 닿지 못했다. 그 짧은 대화 속에는 1950년대에 태어난 한국 남자와 1980년대에 태어난 한국 남자 사이의 간극과 그로 인한 몰이해가 응축되어 있었다. 그리고 나는 그 대화를 통해 내가 지닌 이론과 범주가 내 시대에만 유효한 것이었음을 깨닫게 되었다.

---

[12] 기시 마사히코, 같은 책, 112쪽.

이것은 인생의 교훈을 연장자에게서 배웠다는 뜻이 아니다. 고등교육을 받은 아들이 시골 마을에서 자란 아버지에게서 새로운 통찰을 얻었다는 자화자찬도 아니다. 서로 다른 시간 속에서 형성된 각기 다른 경험을 서로에게 열어 둘 수 있다면, 각자의 오해와 몰이해를 조금씩 조정할 수 있다는 가능성의 확인이다. 지금의 나는 상상하지 못하는 일이라 해도, 대화 속에서 누군가가 가르쳐 준다면 내가 경험하지 못한 것도 마침내 이해할 수 있다. 생활사 조사가 구술자와의 대화인 것처럼, 모든 대화는 일종의 생활사 조사를 통한 배움의 길을 미리 준비하고 있기 때문이다.

　물론 오고 가는 말들 속에서 타인의 말이 조금씩 나를 바꾸게 놓아 두는 일, 나를 다시 배워 가는 일은 결코 쉽지 않다. 경계를 열고 내 치부를 드러내며, 상대방의 치부 속으로 들어갈 위험을 감수해야 하기 때문이다. 혼자 있는 순간에도 그 대화를 곱씹게 되고, 상대방의 한마디가 내 안에 무겁게 자리 잡는다. 그러다가 언젠가는 깨닫게 된다. 그것은 짐이 아니라, 나를 지탱하고 움직이게 하는 힘이라는 것을. 그럴 때 대화는 상대방의 말이 내 언어 속에서 숨 쉴 수 있도록 만드는 일이 된다. 그러기 위해서는 나의 언어가 달라져야만 한다. 요컨대 좋은 대화란 타인의 말을 제대로 듣기 위해 나를 바꾸는 노력이다.

타인의 언어에 열어 두기

내가 쓰는 언어는 처음부터 내가 갖고 태어난 것이 아니다. 대부분은 부모에게서, 친구에게서, 책에서, 뉴스에서, 유튜브에서 빌려 온 것이다. 그 말들은 설명도 질문도 없이 너무나 자연스럽게 나에게 스며들었다. 그래서 철학자 지바 마사야는 "언어를 통해, 우리는 타자에게 점령당했다."라고 말한다.[13] 이 말은 타자의 말에 의해 구성되었으니 언어에 대한 책임을 면제받는다는 뜻이 아니다. 오히려 그 반대다. 바로 그 조건 위에서만 스스로의 언어를 다시 쓰고 말할 수 있다는 것이다.

그런데 어떻게 그럴 수 있을까? 이는 무심코 물려받고 반복해 온 언어적 조건과의 동조에서 벗어날 것을 요구한다. 타자에게서 빌려 온 언어를 해체하고, 재배치하고, 의심해 보는 작업이다. 타인과의 대화란 바로 그런 개정 작업의 일부다. 혼자서는 바꾸거나 의심하지 못했던 나의 언어를, 타인의 말 덕분에 들여다볼 수 있게 된다. 가끔은 말 한마디에 며칠씩 마음이 흔들리기도 한다. 하지만 그런 시간을 통해 타자에게서 물려받은 언어를, 또 다른 타자와의 만남 속

---

[13] 지바 마사야, 박제이 옮김, 『공부의 철학』(책세상, 2018), 36쪽

에서 확장할 수 있다. 타자, 나, 또 다른 타자 사이에서 이루어지는 일종의 삼각 측량이다.

'괄호를 벗기고 말한다'는 것은 타인의 언어에 나의 삶을 내주는 일이고, 그를 통해 나의 언어를 재발명하는 일이다. 타인의 인생에 대해 나의 언어로 말한다는 것은 나의 편협한 관점으로 타인을 재단하는 데 그치는 것이 아니라, 타인의 관점을 빌려 나의 언어를 다시 쓰는 일이다. 기시 마사히코는 이를 "인간에 관한 새로운 이론"[14]을 끝없이 만들어 내는 일이라 불렀다.

그러니 이렇게 물어보자. 나의 인생은 누구의 말에 점령되어 있었는가? 그리고 그 말에서 벗어나기 위해 누구에게 말을 걸어야 하는가? 그 질문 앞에 설 때 비로소 우리는 '왜 이렇게까지 서로 말이 통하지 않는가'라는 물음에 대한 대답을 발견할지도 모른다.

---

[14] 기시 마사히코, 정세경 옮김, 『망고와 수류탄』(두번째테제, 2021), 279쪽.

[4장]

사랑과 돌봄은 왜 같은 말이 아닌가
―애정과 의존 사이

오랫동안 만나 온 연인과 지난봄 결혼했다. 함께 살기 시작하면서 삶에 많은 변화가 생겼지만, 그중에서도 가장 큰 변화는 사랑과 함께 따라온 '돌봄'이다. 1인분의 삶만 챙기던 때는 느끼지 못했던 돌봄 노동의 무게를 이제는 매일같이 체감하고 있다.

어느 주말의 일이다. 특별한 일정 없이 거실에 앉아 시간을 보내고 있었다. 갑자기 화장실 문이 열리며 락스 냄새가 퍼져 나왔다. 아내가 화장실 바닥에 락스를 뿌리며 청소하고 있었다. 오늘 꼭 해야 할 일은 아니었지만 생각난 김에 한다고 했다. 그 순간, 매번 그런 식이었음을 깨달았다. 정해진 가사노동만 하는 나와 필요할 때마다 먼저 가사노동을 하는 아내 사이에는 분명한 차이가 있었다. 나는 그런 일을 그때그때 해야 할 일로 인식한 적이 거의 없었다.

'기획노동'이라는 말이 있다. 살림 전반을 계획하고 구상하는 보이지 않는 노동을 말한다. 저녁 식사를 번갈아 요리하는 것처럼 정해진 재생산 업무를 공평하게 나누는 일은 그리 어렵지 않다. 그러나 지금 살림이 충분한지, 부족한 것은 없는지 수시로 살피고 필요한 일을 매번 떠올리는 것은 전혀 다른 차원의 노동이다. 더러워진 바닥을 보고 락스를 꺼내드는 사람, 신발장 정리를 주기적으로 행하는 사람, 김치가 떨어졌다는 사실을 신경 쓰는 사람은 내가 아니었다.

요즘은 가사 분담이 성별과 관계없이 평등하게 이루어진다고 말하지만, 실제로는 기획노동을 떠맡는 사람과 주어진 일만 겨우 하는 사람 사이에는 깊은 간극이 존재한다. 눈에 보이지 않는 성별 분업의 구조가 여전히 내 안에서 작동하고 있다. 상황이 이러하다면, 서로를 호혜적으로 돌본다고 말할 수 있을까?

한 커플의 사랑과 돌봄

사랑과 돌봄이 왜 같은 말이 아닌지를 더 깊이 생각하게 만든 책이 있다. 하은빈의 『우는 나와 우는 우는』은 비장애인 저자와 장애인 '우' 사이에 있었던 사랑과 이별에 관한 자전적 이야기다. 저자는 같은 대학에 다니는 우와 사랑에 빠진다. 전동휠체어를 타고 다니는 우는 근육병이 있다. 근육병은 걸을 수 없고 점점 근육이 쇠약해져 결국 죽음에 이르게 되는 병이다. 병의 진행 속도는 인지할 수 없을 만큼 느리지만 근육세포는 매일 죽어 간다. 시야에 어른거리는 죽음 속에서도 두 사람은 사랑한다.

그렇게 유쾌한 연인으로 사 년 넘게 깊은 애정을 나누다 마침내 두 사람은 헤어진다. 연애 당시에는 인정하지 못했지만, 그와의 사랑과 이별에 대한 책을 쓰면서 저자는 솔직히 고백한다. "우와 함께하는 삶은 분명 어려운 데가 있었다. 이 문장을 쓰기까지 십 년이 걸렸다."[1]

저자는 연인을 만나는 동안 줄곧 객식구로 살았다. 학교에 딸린 기숙사 방 한 칸에서 연인의 가족에게 얹혀산 것이다. 그리하여 '며느리도 딸도 활동자원사도 아닌 누군가로' 살며 연인을 돌보는 일은 자연스럽게 저자 몫이 되었고, 언젠가부터 돌보는 것 말고는 다른 일을 할 수 없기에 이른다. 게다가 더부살이한다는 사실을 가족에게도 친구에게도 말하기가 점점 더 어려워진다. 누군가 왜 이런 이상한 생활을 하는지 물어볼 때마다 이렇게 말할 수밖에 없었다. "은빈: (우를 사랑하기 때문이에요……)"[2]라고. 그는 한 번도 떳떳하게 대답한 적이 없다고, 그 대답에서 괄호를 벗기고 말줄임표를 떼어 본 적이 없다고 고백한다.

[1] 하은빈, 『우는 나와 우는 우는』(동녘, 2025), 8쪽.
[2] 하은빈, 같은 책, 7쪽.

아마도 많은 사람들이 저자의 이런 모순된 행동을 이해하지 못할 것이다. 이해한다 해도 젊은 날의 치기나 어수룩함 정도로 치부하기 쉽다. 저자 자신도 이 점을 부정하지는 않는다. 한편으로는 장애인과 비장애인의 연애 앞에 놓인 세상의 부조리함에 열렬히 분개하면서도, 다른 한편으로는 연인의 가족에게 얹혀산다는 사실에 부끄러움을 감추지 못한다. 사랑과 돌봄이 분리되지 않고, 어느 순간에는 그것이 사랑인지 돌봄인지조차 알 수 없어서다. 떳떳해지기도, 당당해지기도, 솔직해지기도 어렵다. 그럼에도 이 연인이 두 사람만의 힘으로는 어찌할 수 없는 거대한 불능과 싸우고 있었음을 부정할 수 있을까? 세상은 너희 같은 연인을 허락하지 않는다는, 집요하게 반복되는 메시지에 맞서고 있었다는 사실을.

저자를 비판하든 세상을 비판하든 처음 읽을 때는 이 책에 대해 뭔가를 말하는 일이 가능한가 싶었다. 너무나도 개인적이고 내밀한 자전적 이야기이기 때문이다. 그럼에도 사랑과 돌봄이 왜 같은 말이 아닌지, 애정과 의존은 어떻게 다른지를 정면으로 마주한다는 점이 다가왔다. 이것은 돌봄이라는 괄호 속으로 들어가 버린 사랑에서 그 괄호를 애써 벗겨 내는 이야기 아닌가.

이 회고록에서 하은빈은 자신 안에 불화 지점이 있었음

을 직시한다. 한편에 연애가 돌봄과 분리되지 않는다는 사실을 받아들이기 위해 애썼다는 돌봄의 진실이 있고, 다른 한편에 "나는 장애인 애인을 가졌으면서 다른 것도 가지고 싶었다. 욕심이었을까?"[3]라는 욕망의 진실이 있다. 감정적 진실들의 불화 속에서 그는 장애인 연인과 함께 이 미친 세상에 저항하는 일만큼이나 자신의 욕망에 충실히 사는 일도 중요함을 깨닫게 된다. 주인공으로 오른 첫 무대에서, 공연을 성황리에 마친 자신과 객석에서 아낌없는 박수를 보내는 연인을 동시에 바라보는 인상적인 대목에서처럼.

돌봄과 사랑이 혼동되고 사랑이 돌봄에 잡아먹힐 때 어떤 길을 택해야 할까? 저자의 선택은 도망치기, 곧 이별하기였다. 반복해서 그 일을 후회하면서도 그는 그것이 그때의 자신에게는 진실한 선택이었음을 또한 긍정한다. 그러고 나서야 괄호도 말줄임표도 없이 자신의 연인을 사랑한다고 비로소 당당히 말할 수 있게 되었기 때문이다. "은빈: 우를 사랑하기 때문이야."라고. 이별은 단순히 자신의 삶을 되찾는 데 그치지 않고 자신의 사랑을 정확히 말하는 일로 이어졌다.

그래서 이 책은 후회의 기록이라기보다는 화해의 기록

---

[3] 차은빈, 같은 책, 29쪽.

이다. 자신의 연인이었던 사람과, 이 미친 세상과, 무엇보다도 자기 자신과의 고통스러운 불화를 그만두고 한 발 더 나아가는 이야기다. 이러한 내밀한 삶의 기록을 고백하는 저자의 용기는 사랑과 돌봄의 관계에 대해 한 가지 사실을 밝혀 준다. 사랑이라는 '둘의 무대'는 너의 존재와 우리의 존재만큼이나 나의 존재의 독립성 없이는 불가능하다는 중요한 사실을 말이다.

사랑의 철학

사랑과 돌봄이 같지 않다면, 대체 사랑이란 무엇일까? 그런데 사랑에 대해 올바르게 말하는 것이 애초에 가능하기는 할까? 정신분석학자 박영진은 사랑에 대한 모든 말하기를 "사랑에 대한 독특한 잘못 말하기"로 간주한다.[4] 사랑은 명확히 정의 내릴 수 있는 고정된 대상도 아니고, 이론이나 지식이 쳐 놓은 그물망에 온전히 포획될 수 있는 정태적 속성도 아니기 때문이다.

그렇다고 해서 사랑에 대해 아무 말도 할 수 없는 것은 아니다. 프랑스 철학자 알랭 바디우의 사랑론을 참고로 삼

---

[4] 박영진, 『라캉, 사랑, 바디우』(에디투스, 2019), 44쪽.

아 보자. 바디우는 사랑을 하나 됨이나 합일로 정의하지 않는다. 모든 개체성이 녹아 버리고 하나의 동일성만이 남는 기적 같은 사랑 개념, 낭만적인 사랑 개념을 거부한다. 사랑은 "둘이 황홀한 하나를 만드는 것이 아니다."[5]

바디우는 『사랑 예찬』에서 사랑을 이렇게 재정의한다. "사랑은 개인인 두 사람의 단순한 만남이나 폐쇄된 관계가 아니라 무언가를 구축해 내는 것이고, 더 이상 '하나'의 관점이 아닌 '둘'의 관점에서 형성되는 하나의 삶"[6]이다. 요컨대 사랑은 나 혼자만의 관점이 아니라 둘의 관점에서 세계를 탐색하고 경험하는 것이다. 자신에게만 집중하는 나르시시즘적 세계상을 벗어나 타자의 관점에 서는 것이고, 둘이라는 새로운 관점에서 세상을 다시 만나는 것이다. 그렇기에 "사랑의 적은 경쟁자가 아니라 바로 이기주의"[7]다. 차이를 반대하고 자기 동일성만을 원하는, 자신의 세계상만을 강요하려 하는 자아야말로 사랑의 주된 적이다. 그래서 사랑은 "둘이 등장하는 무대", 곧 "둘의 무대"다.

이렇듯 바디우가 말하는 사랑은 돌봄과 결코 혼동되지 않는 독자적인 차원을 가진다. 그렇지만 사랑이 돌봄과 완

---

[5] 알랭 바디우, 이종영 옮김, 『조건들』(새물결, 2006), 338쪽.
[6] 알랭 바디우, 조재룡 옮김, 『사랑 예찬』(길, 2010), 41쪽.
[7] 알랭 바디우, 같은 책, 71쪽.

전히 무관하다고 말할 수도 없다. 왜냐하면 바디우에게 사랑은 "끈덕지게 이어지는 일종의 모험"[8]이며, 사랑에 부과되는 장애물들을 지속적으로 극복해 나가는 행동이기 때문이다. 바디우는 이를 사랑의 진리에 대한 '충실성'이라 부른다. 사랑은 한순간의 선언에 그치지 않는다. 기적처럼 찾아온 만남이 있다 해도, 그것을 지탱하는 것은 매일의 충실한 이어 감이다. 수많은 차이 속에서도 둘이 함께 살아갈 수 있는 공통 세계를 구축하는 일이며, 그 과정에서 일어나는 온갖 고통, 충돌, 불화를 감수하는 일이다.

따라서 사랑의 진리에 대한 충실성은 곧 돌봄의 문제와 연결된다. 사랑이라는 둘의 무대를 지속시키기 위해서는 그에 대한 유지와 보수, 돌봄과 관심이 필요하다. 이는 대단하고 거창한 무엇이 아니라 사랑의 일상을 이루는 하찮고 사소한 것들에 대한 돌봄과 관심이다. 이념의 문제가 아니라 철저히 생활의 문제다. 바디우 역시 "덜 기적적이면서 훨씬 더 '힘들여 노력하는' 영원성의 개념, 다시 말해 단계별로 집요하고 끈덕지게 이루어진 시간적 영원성의 구축"[9]을 제안한다. 힘겹게 노력하여 지속되는 사랑만이 사랑의 영원성이라는 이름에 걸맞을 수 있다.

[8] 알랭 바디우, 같은 책, 43쪽.
[9] 알랭 바디우, 같은 책, 90쪽.

그러나 바디우의 사랑론에서는 돌봄의 문제가 충분히 부각되지는 않는다. 그는 선언과 사건으로서의 사랑만이 아니라 충실성으로서의 사랑을 말하지만, 그것이 일상 속에서 어떻게 가능해지는지는 충분히 고려하지 못했다. 우리가 '돌봄'이라 부르는 것들, 곧 청소, 식사, 간병 같은 구체적인 일들은 그의 철학에 등장하지 않는다. 말하자면 사랑의 무대와 사랑의 충실성 사이에는 여전히 공백이 남아 있는 셈이다. 사랑의 철학이 돌봄의 철학과 만나야 하는 이유다.

철학, 돌봄을 배우다

도대체 어디까지가 사랑이고 어디까지가 돌봄일까? 사랑과 돌봄이 이토록 얽혀 있음에도 철학에서 돌봄은 지나치게 경시되어 왔다. 사랑의 철학은 적지 않았지만 돌봄의 철학은 거의 존재하지 않았다. 플라톤은 결함 있는 아기는 죽게 내버려두라 말했고, 로크와 칸트는 이성이 모자란 사람을 인간 이하의 존재로 정의했다.[10] 철학자들은 동물만큼이나 장애인을 제대로 대우하지 못했다. 이는 돌봄에 대한 경시를 낳았고, 이로 인해 인간이란 무엇인가를 정의하는

---

[10] 에바 페더 키테이, 김준혁 옮김, 『의존을 배우다』(만미, 2023), 14쪽.

데 있어 큰 오류를 가져왔다.

미국 철학자 에바 페더 키테이가 쓴 『의존을 배우다』 는 철학의 뒤늦은 응답을 담고 있다. 키테이는 "의존과 돌봄을 다루지 못하는 철학은 충분할 수 없다."[11]라고 단언한다. 이 책의 원제는 '내 딸에게서 배운 것(Learning from My Daughter)'이다. 그의 딸 세샤 키테이는 심한 인지장애와 신체장애를 가졌다. 중증장애를 지닌 아이를 자녀로 두는 일은 부모를 철학자로 만든다. 게다가 "만약 당신이 이미 철학자이며 여러 중증장애를 가진 아이를 키우고 있다면 어떤가? 당신은 '더 겸손한' 철학자가 될 것이다."[12] 바로 이 아이가 삶을 가치 있게 만드는 것이 무엇인지를 새로이 탐색하도록 철학을 이끌어 주기 때문이다.

세샤는 말을 하지 않고 논리적 대화를 나누지 않지만, 음악을 즐기고 타인의 손길에 기쁨을 표현한다. 키테이는 세샤를 돌보는 행위를 사유하며 인간이란 무엇인가, 존엄이란 무엇인가, 좋은 삶이란 무엇인가라는 철학의 오래된 질문을 다시 쓰기에 이른다. 그는 특히 정상성이라는 개념을 정교하게 재정의한다. 장애인은 비정상인이고, 비장애인은 정상인일까? 키테이는 '단 하나의' 좋은 삶과 정상성이 있

---

[11] 에바 페더 키테이, 같은 책, 61쪽.
[12] 에바 페더 키테이, 같은 책, 32쪽.

는 것이 아니라, 다양한 형태를 띤 '각각의' 좋은 삶들과 정상성들이 있다고 말한다. 누구나 자신만의 정상성을 누리고 좋은 삶 자체를 재정의할 권리를 갖는 것이 좋은 삶의 새로운 정의가 된다.

키테이의 자전적 이야기와 철학은 돌봄 없이는 사랑도 좋은 삶도 존재할 수 없음을 보여 준다. 자립적 삶은 언제나 의존과 돌봄의 산물이다. 그렇다면 어디까지가 사랑이고 어디까지가 돌봄인지를 일괄적으로 말할 수는 없을 것이다. 사랑하기와 돌보기, 애정하기와 의존하기. 이 둘은 서로 연관되어 있다.

그렇지만 하은빈 작가의 이야기는 사랑이 돌봄에 잠식될 때 사랑에 대해 제대로 이야기할 수 없음을 보여 준다. 사랑이라는 둘의 무대를 단 한 사람만 지탱해야 한다면 그것이 과연 사랑일까? 사랑에는 돌봄으로 환원되지 않는 그 무언가가 있다. 돌봄이 사랑을 대체할 수 없듯이 사랑이 돌봄을 대체할 수는 없다. 그렇다면 사랑과 돌봄을 모두 지킬 수 있는 길은 무엇일까? 철학자 에바 페더 키테이를 따라 분명히 말할 수 있는 것은 그 길이 결코 단 하나일 수는 없다는 것이다.

사랑과 돌봄의 기묘한 관계

사랑을 다루는 책도 많고 돌봄을 다루는 책도 많지만, 사랑과 돌봄의 관계를 다루는 책은 손에 꼽을 정도로 적다. 왜일까? 서로 얽혀 있는 사랑과 돌봄의 관계에 관해 그 누구도 일괄적으로 말할 수 없기 때문이다. 사랑과 돌봄을 동일시하는 것이 분명히 범주 오류라고 짚을 수는 있지만, 어떤 관계가 더 올바른지는 오직 당사자들만이 정확히 이야기할 수 있다.

그래서 공동생활은 어렵다. 사랑하는 두 사람 사이에서도 그렇다. 두 사람 사이에서도 어떤 것이 올바른 사랑이고 올바른 돌봄인지, 어떤 관계 맺기가 더 좋은지에 대한 기준은 다를 수 있다. 서로가 살아온 길이 지극히 다르기 때문이다. 같이 사는 옆 사람이 젠더의 측면에서는 나와 가장 먼 사람이기도 하다.

뒤늦게 고백하자면 나는 아내의 기획노동을 한순간 '머리로' 깨달은 것이 아니라, 수많은 말싸움과 관계의 위기를 거쳐 '몸으로' 겨우 알게 되었다. 말이 안 통하고 목소리가 커지고 몇 시간씩 침묵이 이어지는 불화의 상황을 겪고서야 돌봄의 관계 맺기를 다르게 만들 수 있었다.

혼자 사는 남자에서 공동생활을 할 수 있는 남자로 바

뀌기 위해 얼마나 많은 노력이 필요할까? 이 변화에 얼마나 많은 타인의 개입과 섬세한 돌봄, 반복되는 습관의 교정이 필요할까? 내가 겪고 있는 바로는 정말 머리로는 상상도 할 수 없는, 섬세하고 미시적 수준에서의 자기 변형이 필요하다. 거의 신경학적 수준의 변화 말이다. 나쁜 습관을 고치고 좋은 습관을 만든다는 것, 나만 생각하는 버릇에서 벗어나 타인을 돌보는 '몸'이 된다는 것. 이것은 세계관 전체를 다시 짜는 일에 가깝다.

이런 어려운 작업이 혼자서 가능할 리 없다. 사랑과 돌봄을 주제로 무언가를 이야기해 볼 수 있었던 것은 전적으로 아내인 석아영 덕분이었고, 사랑과 돌봄에 관한 책을 계속 찾아 헤매던 나에게 "그럼 편집장님의 결혼 생활은 어떤 데요?"라고 말을 건 것은 동료들이었다. 남성 동료들은 결혼 생활에서 겪은 자신의 감정적 변화에 대해 솔직히 털어놓았고, 여성 동료들은 남성 동료들의 무지에 놀라면서도 천천히 대화를 이어 갔다. 그렇게 몇 번이나 반복해서 듣고 몸으로 새긴 덕분에 처음에는 불편했던 말들도 기꺼이 받아들일 수 있게 되었다.

이 상황은 동화 속 이야기와는 다르다. 아내는 늘 "깨달음이니 앎이니 하는 걸 과대평가하지 말라."라고 누누이 강조한다. 실제로 나는 오랜 습속에서 완전히 벗어나지 못했고, 기획노동을 먼저 떠올리는 경우도 여전히 드물다. 내가 온전히 알아서 하는 일이라고는 설거지와 음식물 쓰레기 처리 정도다.

    습관의 변화는 하루아침에 가능하지 않다. 사람의 습속은 교육과 대화, 반복 속에서 천천히 교정된다. 웨이트 트레이닝을 시작해 몸의 근육이 바뀌는 데 몇 년이 걸리듯, 신경학적 수준의 습관 변화에는 더 오랜 시간이 걸린다. 하지만 결코 불가능한 것은 아니다. 매일같이 꾸준하게 떠올리고 반복하며 천천히 몸으로 익혀 나간다. 지름길은 없다.

    돌봄 노동은 힘든 일이다. 하다 보면 익숙해지긴 하지만 그렇다고 노동의 강도가 낮아지는 것은 아니다. 누군가는 희생하고 다른 누군가는 꿀을 빨기도 한다. 그래서 싸움이 벌어지고 때로는 결별에 이르기까지 한다. 그런데도 신기한 것은 내가 희생의 상황을 긴 시간 동안 감내할 때가 있다는 사실이다. 어째서일까? 이 대목을 더 생각해 보아야 한다. 공정성의 언어로는 완벽히 설명할 수 없는 사랑과 돌봄의 기묘한 관계에 대해서 말이다. 사랑에는 산술적 평등과는 다른 가치가 걸려 있다. 돌봄의 평등한 분배만큼이나 그럼에도 함께할 수 있는 사랑의 상호 교환에 대해 더 많이 이야기할 필요가 있다.

사랑에 따라온 의혹들에도 불구하고

이렇듯 사랑과 돌봄에 관해서라면, 책상물림 철학자보다는 사랑과 돌봄의 현장 연구자들에게서 배워야 한다. 여기서 현장 연구자란 자신이 겪은 사랑과 돌봄의 자전적 일화를 이론과 결합해 삶이라는 현장 속에서 사유하는 사람을 말한다.

또 다른 사랑과 돌봄의 현장 연구자 신성아는 『사랑에 따라온 의혹들』에서 워킹맘으로 일하다 딸의 암 간병을 위해 전속 간병인이 된 자신의 삶을 되돌아보며, 돌봄을 통해 깨달은 사랑의 진실을 이야기한다. 그는 "결국 사랑은 내가 아닌 누군가의 필요를 내 필요보다 중요시하는 것"[13]이라고 말한다. 그렇기에 누군가를 돌보는 법을 배우고 이를 실행하지 않고서는 마음을 다해 사랑할 수도 없다. "나보다 그 사람을 먼저 생각하는 것이 바로 사랑"이기 때문이다.

이 사랑과 돌봄은 모성에서 비롯된 것일까? 신성아는 자신의 경우 돌봄은 "모성에서 발현된 헌신이 아니라 상대에 대한 의리와 도덕에 더 가깝다."라고 말한다. 헌신이란 내 시간과 자유를 기꺼이 희생하는 것이지만 결코 일방향

---

[13] 신성아, 『사랑에 따라온 의혹들』(마티, 2023), 62쪽.

적인 것만은 아니다. 아이에게 주었던 사랑과 돌봄만큼이나 "아이에게 받은 과분한 사랑, 계산 없이 돌격하는 순정"[14]이 있었다. 그것은 모성의 형태를 띠고 있을 때조차 상호 호혜적인 사랑이다.

결혼하고 나서 느낀 요리의 즐거움이 하나 있다. 내가 차린 밥을 먹고 즐거워하면서 나를 사랑스러운 눈으로 바라볼 사람을 위해 요리하는 즐거움이다. 거기에는 2인분의 요리를 통해 그녀의 사랑이라는 응답이 나에게 돌아오기를 바라는 마음이 있다. 이때 요리하는 돌봄은 사랑을 전달하는 매개체가 된다.

사랑을 위해 돌보는 것도, 돌봄을 위해 사랑하는 것도 아니다. 나의 사랑이 이 돌봄 행위를 통해 전달되고 그것이 다시 사랑으로 되돌아오기를 바라는 것, 수 시간의 돌봄 노동이 그녀의 미소 하나와 등치될 수 있다고 믿는 것, 그 불가능한 계산을 가능하게 하는 마음. 어쩌면 거기에 사랑의 고유한 자리가 있을 것이다.

여전히 사랑과 돌봄은 같은 말이 아니지만 완전히 다른 말도 아니다. 돌봄을 통해서만 사랑은 지금 이 자리에서 행해진다. 바로 이 반복 속에서만 사랑은 사랑일 수 있다.

[14] 신성아, 같은 책, 64쪽.

[5장]
우리는 어항 속 금붕어가 아니다
―학자와 대중이 동료로 만날 때

2025년 7월 세계적인 인문학자 가야트리 스피박이 한국을 찾았다. 제주에서 열리는 '비판적섬연구 국제학술대회'에 기조 강연자로 초청됐고, 서울에서는 공개 강연을 진행했다. 문제는 강연에 한국어 동시통역이 제공되지 않았다는 점이다. 사회관계망서비스에서는 거센 항의가 쏟아졌다. 며칠 뒤 기조 강연 자리에서 스피박이 질문자를 무례하게 대하는 모습이 포착되며 논란은 더욱 커졌다. 작은 해프닝으로 끝날 법한 일이 '스피박 스캔들'로 번졌다.

반응은 극명하게 갈렸다. 통역 부재를 문제 삼은 목소리는 열악한 학계 사정도 모르는 외부자의 오해로 치부됐다. 세계적 석학을 맹목적으로 추종하는 태도가 한국 지성계의 주변부성을 드러낸다는 비판도 나왔다. 이에 대가의 방한만을 과도하게 부각하고 국제 학술교류라는 맥락을 외면하는 것이 오히려 식민지적 콤플렉스를 보여 준다는 반론도 있었다. 논란은 이내 상호 무시와 경멸로 치달았다.

그러나 이 사건에서 누가 옳고 그른가를 따지는 것보다 중요한 것이 있다. 학자와 대중은 물론 학자와 학자 사이에 서조차 제대로 된 관계 맺기가 부재했다는 점이다. 스피박 내한을 둘러싼 논란은 단순한 해프닝을 넘어 더 근본적인 질문을 던진다. 학자와 대중은 어떤 관계를 맺어야 할까? 서구에서 유행하는 이론을 수용하는 일은 여전히 식민성의 그림자에서 벗어나지 못한 것일까? 어쩌면 이 두 질문은 같은 문제의 두 얼굴일지도 모른다.

아틀라스의 두 발

문화연구자 이상길은 『아틀라스의 발』에서 서구 이론과 그 수용의 관계를 깊이 탐구했다. 이 책은 프랑스 사회학자 피에르 부르디외를 사례로 삼아 국내 학자들이 서구 이론가들을 어떻게 수용해 왔는지 면밀히 분석한다. 부르디외가 세계적 사상가로 자리 잡게 된 프랑스의 맥락뿐 아니라, 한국에서 그의 이론이 번역되고 수용되는 과정에서 드러난 문제들까지 함께 조명한다.

이상길은 서구 이론에 대한 무분별한 추종을 경계하면서도 단순한 거부로는 대안이 될 수 없다고 강조한다. 그가 주목하는 것은 서구 중심의 지식 권력이 일방적으로 강제되는 고정된 구조가 아니라는 점이다. 그것은 "구조 안의 행위자들에 의해 끊임없이 (재)구축되며 따라서 변화 가능"[1] 하다. 다시 말해 '서구 대가'의 이론을 통해서도 이곳 현실과 더 깊이 대화할 수 있는 길은 언제나 열려 있다.

물론 이 길을 걸어가는 것은 결코 쉽지 않다. 이상길은 문화연구 수업에서 부르디외 같은 서구의 사상적 대가들을 가르칠 때 직면하는 딜레마를 이야기한다. 대다수 학생들이 주어진 이론을 무비판적으로 학습해 버리거나, 아니면 '유행이 지났다'는 이유로 이론의 가치를 성급히 거부해 버리곤 한다는 것이다. 이 두 반응은 대등한 대화의 불가능성을 전제한 채 "이론의 저자와 독자가 비대칭적 위치에서나마 서로 마주 보고 나눌 수 있는 진지한 대화의 가능성"[2]을 부정하고 억압한다는 점에서 분명한 한계가 있다.

여기서 성찰성이라는 덕목이 빛을 받는다. 결국 중요한 것은 이론을 어떻게 있는 그대로 적용하느냐가 아니라, 그것을 어떻게 이쪽에서 다시 읽고 쓰느냐의 문제이기 때문이다. 부르디외가 "세계를 자신의 어깨에 짊어진 아틀라스의 두 발이 어디를 딛고 있는지"[3] 물었듯이, 서구 이론을 논

[1] 이상길, 『아틀라스의 발』(문학과지성사, 2018), 21쪽.
[2] 이상길, 같은 책, 536쪽.
[3] 이상길, 같은 책, 28쪽.

의하는 한국인의 두 발이 지금 어디를 어떻게 딛고 있는지 되물어야 할 필요가 있다.

그런데 이 점에서 보면 '식민지적 습속'이나 '주변부성'이라는 구조의 희생자로 우리 자신을 재현하려는 틀에 박힌 시도 자체가 문제적일 수 있다. 그런 식의 재현은 구조 속에서 발휘되는 행위자들의 성찰성을 가려 버리기 때문이다. 현실의 제약을 인정한다 해도, 작은 선택과 성찰의 여지마저 없는 것일까? 우리는 어항 속에 갇힌 금붕어에 불과한 것일까?

금붕어는 나갈 수 있을까

후속 세대 정치철학자 배세진의 『금붕어의 철학』은 바로 이 질문에서 출발한다. 책의 핵심 메타포인 '어항 속 금붕어'는 단순한 수사나 특정 철학 사조에 한정된 은유가 아니다. 한 발 더 나아가 이를 식민지적 상황 속에서 예속된 주체로서 학문을 한다는 현실적 조건을 이해하기 위한 사유의 도구로 사용해 볼 수 있다.

『금붕어의 철학』은 현대 프랑스 정치철학, 특히 포스트구조주의의 사유 속에서 이 문제를 탐구한다. 책의 부제가 '알튀세르, 푸코, 버틀러와 함께 어항에서 빠져나오기'인 이유다. 알튀세르는 주체가 이데올로기에 의해 호명되어 형성된다고 주장했고, 푸코는 주체를 지식 권력의 산물로 분석했으며, 버틀러는 규범적 담론을 통해 주체가 구성되는 과정을 설명했다. 배세진은 이들의 작업을 통해 포스트구조주의의 화두를 '예속적 주체화'라는 개념으로 묶는다.

쉽게 말해 이런 것이다. 인간은 담론이라는 어항 속에 갇힌 금붕어 같은 존재이며, 어항 바깥으로 나가면 죽고 만다. 여기서 담론이란 '남자는 이렇게, 여자는 저렇게 해야 한다'처럼 인간을 규정하는 규범적 서사다. 이를 단순히 부정하기 어려운 것은 사회 자체가 담론에 의해 만들어졌고, 이를 벗어나면 이상한 존재로 낙인찍히기 때문이다.

그런데 담론이라는 어항은 단순한 억압의 상징이 아니다. 오히려 우리를 살게 만드는 조건이기도 하다. 예를 들면 기술문화연구자 박승일은 인터넷과 같은 미디어 기술이 우리를 둘러싼 수조라고 말한다. "우리는 마치 어항 속 금붕어처럼 기술이라는 수조 안에서만 살 수 있다는 것"[4]이다. 영화평론가 금동연은 한국 영화사라는 전통 유산을 물과 어항에 비유한다. "나는 그 안에 살기에(물) 제한된다(어항). 제한하고 있음을 의심하지 않으면 평안함을 누릴 수 있

---

[4] 박승일, 『기술은 우리를 구원하지 않는다』(사월의책, 2025), 429쪽.

지만, 의심이 시작되면 참을 수 없이 답답해진다."[5]

물리적 폭력에는 저항할 수 있지만, 우리를 살게 만드는 규범적 권력에는 어떻게 맞설 수 있을까? 배세진이 안내하는 길은 명료하다. 담론이라는 구조는 고정된 질서가 아니라 매순간 사건적 재생산을 통해 유지되기에, 그 재생산의 균열에 개입함으로써 바꿀 수 있다. 세상은 출구가 없다고 말하지만, 구조라는 어항에는 언제나 틈새가 있다.

배세진이 강조하는 글쓰기는 바로 그 틈새를 드러내고 거기에 개입하는 일이다. 어항의 바깥은 있다. "갈등과 모순으로 구성된 오늘날 지금 여기의 시간과 공간이 품고 있는 간극, 틈새, 흠집이 바로 이 바깥"[6]이다. 그것은 안에 숨어 있는 바깥이다.

이 말은 우리의 역사적 조건과 담론적 현실을 완전히 벗어나 옳은 선택지를 단번에 얻을 수 없음을 의미한다. 어항 속 금붕어라는 이미지는 다른 선택의 여지가 전혀 없다는 주장이 아니라, 특정한 방식으로 한계 지어져 있으면서도 그 한계 속에서 더 나은 선택과 성찰을 할 수 있음을 뜻한다. 이것은 서구 이론을 수용할 때도 마찬가지다. 이론 안에도 바깥은 숨어 있으며, 문제는 그것을 '뒤집어 까는' 것

---

[5] 금동현, 「안녕한 비평」, 한국영화데이터베이스, 2025.04.16.
[6] 배세진, 『금붕어의 철학』(편않, 2025), 457쪽.

이다.

그렇기에 중요한 것은 "더 나은 서술, 결국 더 나은 실패"[7]다. 배세진은 그것이 비록 서구 사상가에 관한 요약에 불과하더라도 선배들과 선생들과 다른 서술을 제시한다면, 우리는 그만큼 한 발 더 나아간 것이라고 말한다. 현실과 텍스트를 좀 더 입체적으로 바라보게 되고, 또 다른 개입의 지점을 찾아낼 수 있기 때문이다. 이 점에서 남의 텍스트를 읽는 데 인생을 바치는 것, 그리고 그것을 다시 쓰는 것은 그 자체로 우리가 새로워지는 한 가지 방식이다.

그렇지만 이런 이론적 설명, 극히 치열하지만 어딘가 비극적인 설명 방식에는 모종의 위화감이 있다. 어쩌면 어항과 금붕어라는 비유에 무언가 잘못된 점이 있었던 것은 아니었을까?

모든 비유에는 그 나름의 강점과 약점이 존재한다. 어항 속 금붕어 비유는 우리를 살게 만드는 권력, 담론, 규범의 강고함을 그려 내는 데 무척 유용하지만, 그러한 강고한 구조를 금붕어라는 보잘것없는 주체가 어떻게 변화시킬 수 있는지를 찾는 데에는 대체로 쓸모가 없다. 구조가 과도하게 실체화되면, 그 역효과로 주체는 지나치게 미약해질 수

---

[7] 배세진, 같은 책, 490쪽.

밖에 없기 때문이다. 그로 인해 구조 변화는 구조에 생긴 간극, 흠집, 틈새라는 '우연'에 기대게 되고, 예외적인 '사건' 또는 지식인과 같은 특권적 행위자의 '기발한 행위'에 의존하게 된다. 그러나 이 간극, 흠집, 틈새는 대체 어디서 오는 것일까?

이제 어항 속 금붕어라는 비유의 대차대조표를 작성할 시간이다. 그동안 무비판적으로 이 비유를 활용해 오면서 비유가 지닌 약점을 현실에 잘못 투사해온 것은 아니었을까?

어항 속 금붕어 비유는 구조와 주체를 분리하고 구조를 마치 불변의 배경처럼 여기게 하며, 주체를 어항 안의 포획된 존재로 상정함으로써 행위자들 간의 구조적 비대칭성을 전제한다.[8] 이는 의도치 않게 변화의 가능성을 묘사할 수도 사유할 수도 없는 것으로 만들어 버린다. 이 낡은 비유를 넘어설 필요가 있다. 애초에 폐쇄되고 닫혀 있는 어항이라는 생각 자체가 지나치게 관념론적이다. 현실에 있는 어항

---

[8] Michel Callon, *Markets in the Making: Rethinking Competition, Goods, and Innovation* (Princeton University Press, 2021), p. 357. 사회학자 미셸 칼롱은 푸코의 장치 개념을 활용하는 특정한 방식, 즉 인간 주체가 어항이나 담론 같은 장치 '내부'에 포획되고 형성되는 존재라는 암묵적 전제가 인간과 비인간의 근대주의적 대분할을 반복하고, 행위성의 비대칭성을 상정함으로써 변화를 제대로 다룰 수 없게 만든다고 비판한다.

속 물고기는 히터, 여과기, 산소 공급기, 환수, 햇빛, 먹이 없이는 살아갈 수 없지 않은가?

제사는 변화한다

그러나 이런 논의는 여전히 추상적으로 들릴 수 있다. 조금 더 친숙한 사례를 들어보자. 내가 직접 경험한 제사의 변화가 좋은 예다.

나는 경상도 집안에서 태어나 40년 넘게 제사에 참여해 왔다. 1990년대까지만 해도 제사는 강고한 '구조'나 '어항'처럼 보였다. 명절이면 모두가 큰집에 모였고, 그 의례에서 벗어나는 것은 상상조차 어려웠다. 그러다가 세월이 흐르면서 제사에 참여하는 사람이 오히려 더 적어졌다. 어떻게 이런 극적인 변화가 가능했을까?

먼저 갈등으로 인한 이탈이 있었다. 집안 내부에서 크고 작은 싸움이 여러 이유로 발생하면서 이런 자리 자체를 피하는 사람이 나왔다. 그러면서 제사를 모시지도 않고 큰집에도 오지 않는 가족들이 생겨났다. 이제 제사는 인간이라면 마땅히 지내야 할 것이 아니라, 의견 차이로 인해 사람들이 참여하지 않으면 존속될 수 없음이 드러난다. 제사에 참여하지 않는 사람이 비난받기는 하지만, 그 사람을 데려

오는 것은 극히 어렵다.

　물론 일부 사람만 빠져나갔을 뿐 그 구조 자체는 존속되고 있다고 말할 수도 있다. 그런데 더 흥미로운 것은 제사라는 의례 자체도 계속해서 변화했다는 것이다. 제사의 주된 문제는 남성들만 제사를 주재하고, 여성들은 밥하고 설거지하고 돌봄 노동을 하는 성차별적 체제에 있었다. 그런데 시대 변화 속에서 여성의 위상이 올라가며 제사는 간소화되고 그 수도 점점 줄어들기 시작한다.

　이런 시대 변화 속에서 집안이 대응한 방식은 이렇다. 우선 사촌형이 결혼하게 되면서 그 배우자가 집안으로 들어오게 된다. 당시 너무 많은 제사를 지내고 있었기에 이는 새로 들어오는 사람에게 부담이 되었고, 제사의 수가 하나둘 줄어들었다. 그분이 무언가를 직접 요구한 것은 아니었지만, 결혼이라는 새로운 결합을 위해 가족 전체의 규율이 차츰 변화되기 시작한 것이다. 즉 변치 않는 구조 따위는 더 이상 없었고, 행위자들 간의 조율과 타협으로 제사라는 전통 의례를 변화시킬 수 있는 지점들이 나타났다. 있는 그대로 계승해야 할 것으로 생각되었던 정통에 서서히 그러나 분명히 균열이 생긴 것이다.

　더욱 결정적인 변화는 결혼을 통한 분가에서 나타났다. 아버지의 나이가 환갑을 넘어서고 큰집으로 가는 것도 더는

편한 일이 되지 않았을 때, 자연스럽게 제사도 분가시켜 우리 집으로 가져오게 되었다. 큰집에서의 대가족 제사가 사라지고 우리 가족끼리 지내는 핵가족 제사가 된 것이다. 계속 축소되던 제사는 자리를 옮겨 왔고, 그 과정에서 역시나 새로운 행위자, 즉 동생의 배우자가 집안에 들어오면서 제사의 수는 또다시 줄어들고 협상되었다.

제사라는 의례를 끝까지 끌고 가고 그 책임을 떠맡은 사람은 아버지였다. 그러나 아버지가 이른 나이에 암으로 돌아가시면서 예전처럼 제사를 지낼 동기가 사라지게 된다. 그래서 우리 가족은 여전히 명절에 만나고 아버지의 묘소로 가서 간단히 차례를 지내긴 하지만, 이제 제사를 필수적으로 반드시 지내야 하는 어떤 것으로 여기지 않게 되었다.

정통과 전통

이처럼 제사의 변화 과정을 따라가다 보면, 그것이 강고한 규범적 '정통'이 아니라 행위자들의 협상 속에서 달라지는 '전통'임이 드러난다. 비슷한 논의가 음식의 세계에도 있다.

요리사이자 작가 에드워드 리는 『버터밀크 그래피티』에서 음식의 세계에서 자주 논의되는 정통(authenticity)과 전통(tradition)의 개념을 명확히 구분한다. 정통은 흔히 진짜와 가짜를 가르는 권위적이고 신성한 기준처럼 작동한다. 그러나 이는 음식의 세계와는 어울리지 않는 개념이다.

예컨대 미국 남부 요리의 '정통' 레시피란 대체 무엇일까? "어떤 남부를 말하는 걸까? 식민지 시대 이전의 남부? 대농장 시대의 남부? 식민지 이후의 남부? 인권 운동 이후의 남부?"[9] 실상은 이 모든 것이 미국 남부 요리의 복잡한 일부를 이룬다. 어느 하나만 정통이라고 주장할 수는 없다. 음식의 '전통'은 결코 고정된 유산이 아니라, 전수 과정에서 끊임없이 변해 가며 새로운 행위자들이 다시 써 내려가는 이야기다.

이 개념적 구분은 제사의 변화와 그 본질을 이해하는 데도 유효하다. 제사는 권위 있고 신성하며 고정된 정통처럼 보였지만, 실은 계속해서 변해 가는 전통이다. 정통은 권위적 규범으로 사람들을 억압하고 대체 불가능한 규칙으로 작동한다. 그러나 전통은 시대적 변화와 새로운 관계 속에서 조정되고 갱신되며, 그렇기 때문에 살아 있는 힘을 지닌다.

이 점에서 우리는 어항 속에 갇힌 금붕어가 아니다. 모든 작은 행위들, 개입들, 변화들이 공동으로 믿고 있는 어떤 것의 존재를 미세하게 바꾸어 내기 때문이다. 세상은 이렇

---

[9] 에드워드 리, 박아람 옮김, 『버터밀크 그래피티』(위즈덤하우스, 2025), 24쪽.

게 변한다. 이 작은 경험은 삶 속에서 우리가 전통을 어떻게 다시 엮고 갱신할 수 있는지 잘 보여 준다.

그렇다면 경험에 맞게 비유를 바꿔 보자. 우리가 살아가는 세계는 미로처럼 뒤얽혀 있는 실타래 같은 것이 아닐까. 통과할 수 없는 단단한 벽으로 이뤄진 닫힌 어항 같은 공간이 아니라, 온갖 장소로 뻗어 있는 실들의 매듭으로 이뤄진 것이 아닐까. 실들이 엮어 가는 그물망과 연결망의 세계이자 또 다른 실들과 엮이고 풀리기를 끊임없이 반복하는 세계.[10] 어떤 비유가 더 마음에 드는가? 어떤 비유가 더 경험에 충실한가?

자기 삶으로 작업하기

우리에게는 이 작은 경험을 묘사하고 설명할 수 있는 이론이 필요하다. 로런 포니에의 『자기이론』은 중요한 보완점을 제시한다. '자기의 삶으로 작업하기'라는 부제처럼 이 책은 텍스트가 아니라 자기라는 현실에서 출발한다.

포니에는 이론을 수용하는 사람의 자리를 다시 묻는다. 이론을 읽고 받아들이는 사람은 어디에 위치해 있는가? 이

---

[10] 이는 철학자 브뤼노 라투르와 인류학자 팀 잉골드가 말하는 세계의 모습이다.

들의 역할과 활동은 충분히 드러나 있는가? 이런 물음은 포스트구조주의 철학 같은 고급 이론과 자기의 자전적 이야기를 하나로 겹쳐 내고, 각자가 이론을 수용하고 변형하는 방식 자체가 또 다른 이론 생산, 곧 자기이론임을 드러낸다. 이 점에서 자기이론은 서구/식민지라는 구획을 넘어선다. 서구 내부에도 백인 남성 이론가와 비백인 여성 학자 사이의 간극이 있고, 이론가와 예술가 사이의 틈새가 있기 때문이다. 간극, 틈새, 홈집은 도처에 있다.

    이때 현실과 텍스트 사이의 고정된 위계는 사라진다. 각자의 삶이 곧 자기이론의 생산지가 된다. 책상에서 서구 학자의 글을 읽고 비평하는 일과, 삶의 현장에서 다른 방식으로 살아가는 일은 결국 다르지 않은 작업이다. 사랑과 돌봄을 이해하려면 책상물림 철학자보다 사랑과 돌봄의 현장 연구자들에게서 배워야 하는 것처럼 말이다.(4장 참조) "세계 안에서 살아가는 개인으로서의 직접적인 경험은 이론적 논증과 테제를 개발하고 연마하기 위한 토대로 사용"[11]된다. 에세이, 현장 보고, 소설, 학술 논문 같은 서로 다른 장르들이 교차할 때, 이론적 글쓰기와 자전적 글쓰기의 경계는 허물어진다. 개인의 삶은 이론을 변형시키고, 새로운 자

---

[11] 로런 포니에, 양효실·김수영·김미라·문예지·최민지 옮김, 『자기이론』(마티, 2025), 51쪽.

기이론이 삶 속에서 발생한다.

따라서 '대가'와 '대중'이라는 이분법은 성립하지 않는다. 그 사이를 잇는 수많은 연구자, 번역자, 편집자, 강사, 기자, 독자, 사회관계망서비스 논평자들이 모두 '감식가'로서 이론의 재생산에 관여한다. 그들은 저마다의 자기이론을 갖고서 간극의 지점을 포착하고 선별하고 증폭한다. 그 누구도 한낱 중간 매체나 지나가는 통로가 아니며, 각자는 담론을 변형하고 번역하는 매개자로서 크고 작게 활동하고 있다. 그렇기에 구조든 습속이든 결코 일방적으로 적용되지 않는다. 이렇듯 자기이론의 통찰은 포스트구조주의의 문제의식을 각자의 삶으로 확장한다.

이제 중요해지는 것은 고급 이론의 통달만이 아니라, 지금 여기에서 여러 동료들과 맺는 깊은 대화다. 대가들의 고급 이론만큼이나 대중들의 저급 이론도 중요하다. 포니에가 말하듯 "철학자를 인용할 때만큼 중요하게 여동생을 인용"[12]할 수 있어야 한다. 주변적 자리에서 생성되는 일상의 앎도 동등한 권위를 지닐 수 있다는 뜻이다. 바로 거기에 자기의 삶으로 작업하기라는 관점의 독특한 힘이 있다.

[12] 로런 포니에, 같은 책, 252쪽.

느린 학문, 느린 대화

다시 스피박 스캔들로 돌아가 보자. 문제는 강연자의 태도만이 아니었다. 그것은 학자와 대중, 학자와 학자 사이의 관계가 얼마나 왜곡되어 있는지를 드러낸 사건이었다. 우리는 서로의 말을 차분히 듣고 더 깊이 이해하려 하기보다 상대를 단순히 구조의 희생자로 치부하고 있었다.

어떻게 더 나은 관계 맺기가 가능할까? 과학철학자 이자벨 스탱게르스의 『다른 과학은 가능하다, 느린 과학 선언』은 중요한 참조점이 된다. 그는 '느린 과학'이라는 개념을 통해 학자와 대중 사이의 새로운 동맹 맺기를 말한다. 스포츠나 음악에서와 마찬가지로, 활동적인 문화는 전문가들만이 아니라 그 분야에 정통한 '감식가'들과 함께 만들어진다. 좋은 예술이 세상에 나올 수 있으려면 그 가치를 알아보는 감식가의 안목이 필요하듯, 학문도 마찬가지다.

대중지성은 학문을 가꾸어진 것으로 바꾼다. 온실 속 화초로 방치하지 않고, 이식된 새로운 환경에서 살아갈 수 있도록 돌보고 가꾼다. 감식가들이 돌보지 않는 문화는 곧 오만이나 불신으로 기운다. 그래서 스탱게르스는 학자들이 "감식가들의 지성을 모욕하지 않으면서"[13] 자신들의 선택을 설명할 준비가 되어 있어야 한다고 강조한다. 학자들을 존중하는 사회가 필요하지만, 동시에 학자들이 대중을 경멸하지 않도록 강제하는 사회 또한 필요하다.

학자와 감식가 사이에는 더 끈끈하고 긴밀한 동료 관계가 필요하다. 그리고 친밀한 관계 맺기에는 오랜 시간의 돌봄이 있어야 한다. 그런데 왜 하필 느린 학문, 느린 대화를 강조하는 것일까? 내가 출판 편집자로서 겪은 사례를 통해 다시 한 번 이야기해 보겠다.

"교수가 되려면 논문을 써야 하고 책을 쓸 시간은 없습니다." 청운의 꿈을 품은 초년생 출판 편집자가 청년 연구자에게 책 쓰기를 권할 때 가장 자주 듣게 되는 말이다. 정중히 거절하는 말이지만 분명하게 선을 긋는 것이기도 하다.

출판계가 어렵다고 해도 매년 이 업계에 진입하는 젊은 편집자들이 있다. 그중에는 같은 세대의 청년 연구자와 함께 시대의 통념에 도전할 연구를 책으로 펴내려는 꿈을 품은 사람도 있다. 지금 이곳에 절실히 필요한 고민을 날카롭게 담아내어 새로운 담론 지형을 개척하는 꿈이다. 인문사회과학 분야의 편집자라면 누구나 한번쯤은 품어 봤을 생각이 아닐까.

그러나 초년생 편집자가 역량을 갖춘 청년 연구자를 어

---

[13] 이자벨 스탱게르스, 김연화·장하원 옮김, 『다른 과학은 가능하다, '느린 과학' 선언』(에디토리얼, 2025), 33쪽.

렵사리 찾아내 책을 내고 싶다는 이야기를 전하면 곧장 시간이 없다는 말을 정면에서 듣게 된다. 순진했던 청년 편집자는 이제야 연구자가 처한 현실을 깨닫는다. 교수가 되기 위해 실적을 쌓아야 한다는 압박이 연구자의 삶 전체를 지배하고 있다는 것을 말이다. 혹시 교수가 되고 나면 괜찮지 않을까? 그때는 이런 말을 자주 듣게 될 것이다. "초임 교수는 행정 업무로 너무 바빠서 책을 쓸 시간이 없습니다. 대신 논문을 묶어서 내면 안 될까요? 업적 평가 때문에 필요해서……."

다소 과장된 일화처럼 들리겠지만 이는 인문사회과학 출판의 엄연한 현실이다. 16년째 출판계에 몸담고 있는 나 자신의 이야기이자 동료 편집자들이 일상적으로 겪는 상황이다. 그런데 이런 에피소드를 단지 몇몇 사람들의 개인적인 좌절로만 여길 수 있을까? 그 뒤에는 어떤 구조적인 이유가 있지 않을까?

스탱게르스의 『다른 과학은 가능하다, '느린 과학' 선언』은 이 상황을 이해하기 위한 적실한 언어를 제공해 준다. 제목이 말하듯 이 책은 과학책이나 철학책이라기보다 선언문이다. 본문 구성도 체계적이지 않다. 2010년대 저자가 여러 학회에서 연설하거나 발표한 글의 모음이다. 그래서 현장감이 살아 있고 메시지가 명확하다. '빠른 과학'이 낳는 폐해를 세계적인 과학철학자의 목소리로 쉽게 들을 수 있다.

물론 신자유주의와 지식경제, 양적 평가 시스템으로 인해 학계가 왜곡되고 있다는 비판은 이미 흔해졌다. 학술 연구가 점점 더 시장 원리에 종속되고 있다는 우려 또한 많은 이들이 공유하고 있다. 스탱게르스는 여기서 한 발 더 나아간다. 철학자답게 보다 근본적인 문제를 짚는다. 그가 주목하는 것은 근대 과학을 특징짓는 평가와 구획의 모델 자체다. "좋은 논문이 숙성될 시간이 주어지고 심사위원들이 세심하고 유능하다고 해도, 이러한 평가의 모델 아래에서는 '과학을 수행하는' 서로 다른 방식의 다양한 과학들이 평등하지 않으며, 평등했던 적도 결코 없었고 앞으로도 결코 평등하지 않을 것이다."[14]

스탱게르스에 따르면, 근대 과학은 그 시작부터 언제나 전속력으로 전진해 온 빠른 과학이었다. 빠른 과학은 오직 전문 동료만을 대상으로 하는 누적적 지식 생산을 특징으로 한다. '우리는 알지만 너희는 믿을 뿐이다.'라는 근대주의적 태도로 과학과 과학이 아닌 것, 과학을 추구하는 데 중요한 것과 중요하지 않다고 여겨진 것을 구획하며 지적 권위를 확보해 왔다. 여기서 합리성과 객관성은 다른 사고 집단의

---

[14] 이자벨 스탱게르스, 같은 책, 88쪽.

목소리를 침묵시키는 도구가 되었고, 세계의 복잡한 난맥상에 대해 무관심하도록 과학자들을 육성하는 방식을 정당화했다.

스탱게르스는 오늘날에도 여전히 반복되고 있는 빠른 과학의 모토를 이렇게 요약한다. "과학의 용어로 환원될 수 없는 한가한 질문으로 시간을 낭비하지 마라. 그런 질문에 시간을 할애하는 것은 너의 유일한 책무인 지식의 발전을 배반하는 것이다!"[15] 연구자들이 편집자의 제안을 거절하며 말하는 '책 쓸 시간이 없다'는 변명 또한 이 모토의 또 다른 표현일 뿐이다.

느린 학문 선언

문제의 근본 원인 중 하나는 빠른 과학, 빠른 학문이 언제나 사태의 '유일한' 해법을 제시하는 것처럼 스스로를 포장한다는 데 있다. 특정한 혁신이나 새로운 이론이 과학적 사실의 이름으로 정당화될 때 학계 외부와의 복잡한 논의와 협의 과정은 고려하지 않아도 된다고 믿게 되는 것이다. 그렇기에 연구에서는 가능한 한 빨리 결과를 산출해야 하고,

---

[15] 이자벨 스탱게르스, 같은 책, 160쪽.

그 과정에서 생기는 주저함, 협의, 우회와 지체 등은 비생산적이라는 이유로 배제되기에 이른다. 그 결과 학문은 타자와 진지하게 관계를 맺기보다는 경쟁과 성과 축적의 논리에 갇히게 된다.

해법은 무엇일까? 스탱게르스는 느린 과학, 곧 학문의 속도 늦추기를 주문한다. 여기서 느림은 단순한 완급 조절의 문제가 아니다. 그것은 학문이 세상과 관계 맺는 방식을 근본적으로 재편해야 한다는 문제 제기다. 속도를 늦춘다는 것은 타자들에게서 다시 배울 수 있는 능력을 갖게 되는 것을 말한다. 학문 외부의 다른 사람들을 학문의 장애물로 여기지 않고, 오히려 다른 사람들 '덕분에' 더 나은 학문이 가능해진다는 것을 깨닫는 일이다.

이렇듯 느린 과학, 느린 학문은 전속력 전진을 위해 기꺼이 포기하고 정화되어야 했던 모든 것과의 관계 맺음에 관심을 기울이려는 시도다. 이는 학문의 자율성이라는 근대주의적 덕목이 일종의 독이 든 선물이었음을 직시하는 일이기도 하다. 스탱게르스는 기후위기에 직면한 인류 사회만이 아니라 학계도 병들었고 치유가 필요하다고 일갈한다. 학자들은 결코 순진하지 않았다. 정치적 삶의 끔찍한 혼란스러움과 단절하여 상아탑에서 자율성을 누리는 과거의 황금기로 돌아갈 수는 없다. 이 지저분한 현실에서 다시 시작해야 한다.

이 과정에서 요청되는 것이 바로 서로의 지성에 대한 감식안이다. 지성에 대한 감식안은 키보드 뒤에서 학문의 수준을 운운하거나 상대의 지적 편협함을 지적하는 식으로 드러나지 않는다. 경력이 다르고 업계가 다르더라도, 이 사람이 나와 함께 지식을 나눌 수 있다는 인정과 관심에서 드러난다. 대학에서 하는 세미나에 참여할 때, 학위가 없지만 과학기술학 책을 편집한 나의 이력을 인정하고 동등한 대화 상대로 대하는 연구자들이 있다. 단행본 기획을 위한 미팅 자리에서 '이런 쟁점에 대해 어떻게 생각하시나요? 혹시 그런 각도에서 새로운 글을 써 보신다면 어떤가요?' 하고 내놓는 제안을 무리한 요구가 아니라 집필을 위한 출발점으로 삼는 학자도 있다. 이렇듯 학자와 편집자, 연구자와 시민은 함께 지적인 관계를 맺으며, 어떤 학문적 질문이 현실에서 의미 있고 타당한지를 판별하는 공동의 안목을 기를 수 있다. 이것은 일반 교양의 문제라기보다 학문의 공적인 지성을 지탱하는 최소한의 조건이다.

그 어떤 학문도 혼자서 옳을 수는 없다. 지식을 함께 평가하고, 선전과 위험을 구분하며, 종종 무시되거나 생략된 쟁점에 주의를 기울이는 감식가 없이는 학문도 공적인 신뢰를 얻을 수 없다. 스탱게르스가 말하는 느린 과학은 바로 이런 감식가들의 대중지성을 학문 제도 외부가 아니라 내부의 필수 조건으로 포함시키려는 노력이기도 하다.

왜 우리는 늘 대화에 실패하는가

끝내 이런 의문이 생길 수도 있다. 전쟁과 기후위기가 눈앞에 닥친 시대에 이런 학문적 논의는 한가한 일이 아닐까? 당장 해결책을 내놓아야 하는데 이제 와서 느림을 말하는 것은 사치가 아닐까?

이 장에서 앞서 스피박의 이론적 논의나 강연 내용보다 왜 학술대회의 진행 방식을 둘러싼 해프닝이 스피박 스캔들로 번졌는지에 주목했다. 학자와 대중 사이, 그리고 학자와 학자 사이에서조차 제대로 된 관계 맺기가 부재했다는 점이 근본적 문제였다. 관계 맺기의 부재 속에서 일어난 오만과 불신, 상호 무시와 경멸, 대화의 실패가 '스캔들'이 되었다. 경멸에 대항 경멸로 맞서고, 대항 경멸에 다시 대항 대항 경멸로 맞서는 악순환이 있었다. 요컨대 스캔들의 본질은 스피박 개인이 아니라 우리 사이에 있다. 한국 사회에서 항상 반복되는 이런 대화의 실패야말로 연구자들이 진지하게 다뤄야 할 문제가 아닐까?

그렇지만 이런 분석이 또 하나의 경멸적인 태도를 반

복해서는 안 된다. 동료 학자와 대중을 구조의 희생자로 치부하는 잘못된 발화 태도를 수행하는 어떤 학자들이 있다고 하더라도, 그 학자들을 다시금 구조의 희생자로 치부한다면 같은 잘못을 반복하는 것이기 때문이다. 그렇기 때문에 이 문제에 걸려 있는 성찰성의 의미가 무엇인지를 탐구하는 이론적 우회로가 필요하다. 자기이론에서 느린 과학 선언까지 이론적 보조선을 그려 본 이유다.

심지어 경멸적인 발화에서조차도 기존의 발화와 어떤 차이를 만들어 내고 있는가, 거기서 정말로 말하고자 했던 것이 무엇이었는지를 최대한의 선의(논리학의 용어로는 '자비의 원리')를 갖고서 읽어낼 필요가 있다. 예컨대 '세계적 석학'을 맹목적으로 추종하는 한국 지성계의 주변부성이 문제라며 스피박의 명성을 '숭배'하는 태도를 경계해야 한다는 어떤 학자의 말은, 은연중에 스피박을 그 나름의 방식으로 수용하는 동료 학자들의 지성과 성찰성을 납작하게 만드는 경멸적 태도를 담고 있다는 점에서 문제적이다. 그러나 그 핵심만 취한다면 민주주의 사회에서 글을 쓰고 말하는 기본 태도가 어떠해야 하는지를 정확히 이야기하고 있다. 한편 '대가의 방한'만을 과도하게 부각하고 국제 학술교류라는 맥락을 외면한 한국 학술장의 오래된 식민지적 습속과 콤플렉스가 문제라는 어떤 학자의 말은, 현재 진행 중인 국제 학술교류의 현실을 모르는 온갖 형태의 동료 학자와 대중의 '무지'에 대한 경멸적 태도를 숨기지 않고 표현한다는 점에서 문제적이다. 그러나 그 핵심만 취한다면 이론의 순수입국에서 벗어난 한국 학술장의 현재 상황을 정확히 이야기하고 있다.

요컨대 두 학자 모두 존경받아야 할 연구자들이지만, 다른 분야의 동료 학자와 대중을 '숭배하는 자'나 '무지한 자'로 치부할 때는 낡아빠진 레퍼토리에 머물고 있다. 현실에서는 아무도 그런 식으로 숭배하지 않으며 아무도 그런 식으로 무지하지 않다. 그렇기에 감식가들의 지성을 모욕하지 않으면서도 우리는 충분히 서로에게 대화를 시도할 수 있다.

같은 이야기를 경멸적 태도 없이 할 수 있었다면 대화를 통해 서로에게 더 배울 수 있지 않았을까? 만약 그랬다면 동료 학자와 대중이 더 귀를 기울여 듣지 않았을까? 스캔들은 한낱 해프닝으로 끝나고 사람들은 더 많은 배움을 얻을 수 있지 않았을까?

과거에도 현재에도 아마도 미래에도 이런 경멸적 태도는 계속 반복될 것이다. 그때마다 매번 얼굴을 붉히기 전에, 우리가 제대로 된 형식과 태도를 갖추고 상대를 대하고 있는가를 살펴보는 쪽이 어떨까. 경멸이라는 그릇 속에 들어간 지식은 멀리 여행하지 못할 뿐 아니라 그러한 경멸을 지지하는 거짓된 동료만을 남길 뿐이다. 여기에 건전한 학문적 토론과 대화가 설 곳은 없다.

혹자는 이런 존중의 태도가 지식 그 자체에 비해 사소한 것에 불과하다고 말하겠지만, 사소한 것을 사소한 것으로 치부하지 않고 그 속에 있는 미세한 차이를 학문적 텍스트 속에서 그리고 일상의 발화 속에서 식별해 내는 일이 역사상 가장 촘촘하게 연결된 시대의 인문학적 작업이 아닐까. 사상과 학문이란 "타자를 누르는 것이 아닌 말이 있는 곳을 계속 확보해 가는 것"[16]이다.

'다른 과학은 가능하다'라는 제목은 대안세계화 운동의 구호인 '다른 세상은 가능하다'에서 따온 것이다. 이 점에서 느린 과학 선언은 다른 모든 탈성장 운동과 궤를 같이한다. 지금의 빠른 과학의 속도는 모든 집단지성의 가능성을 파괴하는 지식의 인클로저(enclosure)와 마찬가지다. 학문의 파괴와 문명의 파괴가 연결되어 있다는 지표는 곳곳에 있다. 어째서 학계에서 인공지능이 그토록 쉽게 받아들여지고 있는지를 자문해 보자.

스탱게르스는 대체 무엇이 시간 낭비인가를 다시 묻기를 요청한다. 논문을 쓰는 건 필수적인 시간이고, 책을 쓰는

---

[16] 도미야마 이치로, 송석원·손지연·김우자 옮김, 『폭력의 예감』(그린비, 2009), 11쪽.

건 시간 낭비라는 학계의 평가 시스템은 병들어 있다. 어쩌면 우리는 근대적이고 더 합리적인 학문과 과학을 이야기하면서 정작 바로 옆 사람들과는 소통도 되지 않는 방식으로 연구를 하고 있었던 것은 아니었을까? 지금 학자들과 연구자들은 고분고분하지 않은 동료들, 그리고 시민들과 함께 배우는 과정 속에 있는가? 반대의 경우도 마찬가지다. 결국 저자와 학자뿐 아니라 편집자와 독자도 느린 과학, 느린 학문의 동료가 되어야 한다. 이것은 남의 이야기가 아니라 바로 우리의 이야기다.

우리가 의존하는 열토

3

[6장]

인공지능은 삶을 구할 수 있을까
―지도와 영토를 혼동하지 않는 법

    이 장의 초고를 쓰고 나는 챗GPT에 검토를 요청했다. 챗GPT는 즉각적인 반응을 내놓았다. 문장 구성이 명료하다, 논리 전개가 일관적이다, 다만 이 부분은 독자에게 어려울 수 있으니 부연 설명을 추가하라. 그럴듯했다. 나는 그 제안을 일부 반영해 편집자에게 초고를 보냈다.

    편집자는 며칠 말이 없었다. 챗GPT와의 결정적 차이랄까. 사람은 적절하게 반응하는 데 시간과 에너지가 필요하다. 얼마 뒤 편집자는 솔직한 감상을 전했다. "이 장은 흥미로운 일화를 싣고 있고 탁월한 책을 소개하고 있지만 그럼에도 영혼이 느껴지지 않네요!(죄송합니다.) 특히 이 대목에서는 저자의 목소리가 갑자기 사라지는 느낌이에요. 아깝지만 장황한 책 소개는 삭제하고 동료 철학자에게 질문을 던지면서 좀 더 다가가는 게 좋겠습니다. 왜 이런 이야기를 하고 싶었는지 다시 생각해 보시겠어요?"

    이것은 인공지능이 할 수 없는 질문이었다. 챗CPT는

텍스트의 표면을 매끄럽게 다듬을 수는 있어도, 그 밑바닥에 흐르는 쓰는 사람의 욕망과 불안, 망설임을 읽어 낼 수는 없었다. 동료 편집자의 반응을 거치며 나는 비로소 내가 무엇을 쓰고 싶었는지 다시 확인했다. 이해에는 시간이 걸렸다. 때로 서로의 감정이 맞부딪치는 것도 감수해야 했다. 하지만 그런 노고 없이는 제대로 된 편집이 이뤄지지 않는다.

이건 평화로운 버전의 이야기다. 어두운 버전도 있다. 출판 편집자의 기본 업무인 교정교열을 자동화하는 인공지능을 자체 개발 중인 출판사가 있다. 안 그래도 신입 사원을 점점 더 뽑지 않는 출판계의 흐름 속에서 이는 편집자 일자리 축소를 강화하리라는 우려로 이어진다. 그런 우려를 이해하면서도 또 다른 동료 편집자는 반론을 제기했다. "기본 교정 노동을 인공지능에 맡기면 편집자는 저자와의 대화, 기획안 작성에 집중할 수 있으니 더 좋지 않을까요? 종이 사전을 쓰던 때로 돌아갈 수 없는 것처럼요."

이 두 이야기 사이 어딘가에 내가 서 있다. 나는 지식을 다루는 노동자로서 좋든 싫든 매일 인공지능과 함께 일한다. 인공지능은 나의 노동을 대체할까, 아니면 확장할까? 기술철학이 제기하는 사변적 물음이 아니라, 오늘의 지식노동자라면 몸소 겪게 되는 실존적 물음이다.

경험의 멸종?

이제 인공지능은 생활 도처에 널리 퍼져 있다. 그렇지만 인공지능을 바라보는 시선은 분야에 따라 극명하게 다르다. 많은 대학 강사들은 학생들이 과제 작성을 인공지능에 맡기는 현실 앞에서 곤혹스러워한다. 반면 사무직 직장인들은 반복 업무를 덜어 주는 실용적 도구로 인공지능을 적극 활용한다. 문학계에는 장강명 작가처럼 인공지능이 위대한 장편소설을 '매일 288편씩' 쏟아 낼 미래를 우려하는 목소리가 있다.[1] 한편 바둑계에서는 신진서 9단처럼 인공지능을 학습 파트너로 받아들여 새로운 경지를 개척하는 최정상 기사도 나타났다. 이미 흔해진 쓰임과 그치지 않는 우려 사이에서 어떻게 균형을 잡을 수 있을까?

이런 균형 잡기를 시작부터 가로막는 걸림돌 중 하나는 경험의 상실에 대한 막연한 두려움이다. 종종 기술 활용에 의한 특정 경험의 상실을 인간성의 종말처럼 과장되게 말하는 경우가 있다. 물론 지도 앱으로 길을 찾다 보면 건물의 구체적 특징이나 길 위의 표식을 의식하며 스스로 경로를 찾는 능력이 저하되기 마련이다. 인터넷을 활용한 텍스

---

[1] 장강명, 『먼저 온 미래』(동아시아, 2025), 15쪽.

트 소통에 익숙해지면 전화를 통한 목소리 소통이 불편하게 느껴질 수 있다. 그래서 '경험의 멸종'이라는 말까지 나온다.[2] 모든 것이 스크린 속으로 들어가고, 범용 인공지능이 인간이 하는 모든 일을 대신해 줄 때 과연 인간성은 살아남을 수 있을까 하는 질문이 제기된다.

그러나 잠시 멈추어 차분히 다시 생각해 보자. 특정한 감각 경험의 일시적 상실이 정말로 경험의 총체적 상실일까? 어쩌면 가설부터 잘못 세운 건 아닐까?

한 소설가의 기이한 이야기가 이런 가설의 맹점을 잘 보여 준다. 소설가 호르헤 루이스 보르헤스의 단편소설「기억의 천재 푸네스」에는 말에서 떨어져 머리를 다친 이후로 그 어느 것도 망각할 수 없게 된 주인공 이레네오 푸네스가 등장한다. 그는 기억의 천재가 되어 모든 숲의 모든 나무들의 모든 잎사귀들을, 그것들을 지각했던 모든 순간들 하나하나까지도 기억한다. 그러나 이것이 푸네스가 숲을 사유한다는 것을 의미하지는 않는다. 왜냐하면 사고를 한다는 것은 차이를 망각하는 것이기 때문이다.[3]

모든 것을 기억하는 존재는 사고할 수 없다. 다시 말해 차이를 알아채지 못하는 망각과 혼동은 사고의 조건이다.

[2] 크리스틴 로젠, 이영래 옮김, 『경험의 멸종』(어크로스, 2025).
[3] 에두아르도 콘, 차은정 옮김, 『숲은 생각한다』(사월의책, 2018), 127쪽에서 재인용.

너무 어려운 이야기일까? 언어라는 예시를 통해 살펴보면 생각보다 쉬운 이야기다. 우리는 언어를 통해 사유한다. 그런데 언어는 추상적인 것이다. 이 나무와 저 나무는 같은 종에 속하더라도 그 세부사항이 완전히 다르며 전혀 다른 개체다. 두 개체는 결코 동일하지 않다. 하지만 그 차이를 망각하고 두 개체를 혼동하면서 둘 모두를 '나무'라고 부른다. 언어는 이런 망각과 혼동, 곧 범주화와 일반화를 통해서만 성립될 수 있다. 사고와 생각은 바로 여기서 시작된다.

요컨대 인간은 직접적 감각 경험을 상실하고 현실을 추상화함으로써 상징적 언어를 얻게 되었다. 그리고 이 언어를 통해 손에 닿는 세계를 벗어나 멀리 있는 사람과 소통하고, 지금 여기에 속하지 않는 허구의 기이한 이야기를 만들어 낼 수 있다. 소설을 쓰고, 과학적 가설을 세우고, 알고리즘을 만들며 세계를 확장한다. 특정한 경험의 상실이 또 다른 경험, 더 많은 경험을 가져다주는 셈이다.

물론 그렇다고 해서 모든 감각 경험의 상실을 긍정하자는 결론으로 곧장 이어지는 것은 아니다. 각각의 경험 형식에는 서로 다른 문제가 있기 때문이다. 직접적 감각 경험이 추상적 사유로 이어지지 못한 채 특정 시간과 장소에 갇힐 수 있는 문제가 있다면, 반대로 언어를 통한 추상적 사유는 현실적 토대를 잃어버린 채 무수한 가상세계를 만들며 방향

감각을 상실할 수 있다는 전혀 다른 형태의 문제가 있다. 감각적 경험에만 갇히면 타자와의 대화가 불가능해지고, 상징적 언어에만 의존하면 현실과의 접속이 끊어지는 셈이다.

이 점에서 언어는 지도이지 영토 자체가 아니다. 인공지능도 마찬가지다. 우리가 말을 하고 글을 써서 사람들과 소통한다고 해서 각자의 감각 경험이 사라지는 것은 아니듯, 인공지능을 사용한다고 해서 인간적 경험이나 인간성이 소멸하는 것은 아니다. 지도가 아무리 정밀해도 영토를 대체할 수는 없다. 그러니 언제든 다시 영토로 돌아갈 수 있는 여지를 남겨 두고, 영토에 뿌리를 두고 살아가면서도 지도를 지혜롭게 활용할 수 있어야 한다. 언뜻 당연해 보이는 이야기다. 그러나 인공지능이라는 새로운 기술과 맞닥뜨릴 때 '지도는 영토가 아니다'라는 상식은 쉽게 간과되고 그 자리를 과장된 공포나 환상이 차지하곤 한다.

지도 제작은 세계를 바꾼다

그러나 지도와 영토는 다르다는 말만으로는 부족하다. 왜냐하면 지도는 세계를 단순히 표현하는 데 그치는 것이 아니라, 지도를 제작하고 활용하는 과정에서 세계를 완전히 바꾸어 놓기 때문이다. 인공지능이라는 거대한 기술 시스템의 경우는 더더욱 그렇다. 인공지능이 만들어지는 과정과 그것이 불러오는 현실적 조건의 커다란 변화를 결코 외면할 수 없는 이유다.

과학기술학자 케이트 크로퍼드는 『AI 지도책』에서 인공지능 시스템이 "지구를 새로 빚는 동시에 세계가 지각되고 이해되는 방식을 변화시키는 물적 토대"[4]임을 정확히 지적한다. 인공지능은 물리적 실체 없이 허공을 떠다니는 정보 집합체가 아니라 거대한 물질적 몸체를 갖추고 있다. 인공지능이 무엇으로 만들어지는지 알기 위해서는 실리콘 밸리나 테크 산업 도시에서 벗어나야 한다. 미국 네바다 주의 리튬 광산, 중국 내몽골 바오터우 시의 바이윈 광산 등지에서 노동자들이 힘겹게 채굴하는 희토류 광물 없이는 알고리즘 연산도 기계학습도 결코 존재할 수 없다.

철저히 물질적인 네트워크를 따라 만들어지고 작동하는 것이 바로 인공지능이다. 그래서 인공지능 산업은 추출 산업으로 규정된다. 지구의 에너지와 광물 자원, 값싼 노동력과 대규모 데이터를 '추출'해야만 거대 인공지능 네트워크가 제대로 돌아갈 수 있기 때문이다.

따라서 인공지능을 단순히 우리 경험을 확장하는 또 하

---

[4] 케이트 크로퍼드, 노승영 옮김, 『AI 지도책』(소소의책, 2022), 29쪽.

나의 지도로만 볼 수는 없다. 정확히 말하자면, 지도라는 것이 대체 무엇이고 어떻게 작동하는지를 처음부터 다시 생각해야 한다. 과학기술학자이자 철학자 브뤼노 라투르가 말하듯 "지도는 오직 ─ 측지 표적 장비를 갖추고, 측쇄로 정밀하게 (그리고 아주 힘들여) 측정한 기준에서 삼각형에서 삼각형으로 이동하는 측량사들의 위험한 작업을 통해 큰 비용을 들여서 얻은 ─ 연결된 각도들을 조금씩 '기입했기' 때문에 의미가 있는 것이다."[5] 지도를 만드는 데 필요한 이 모든 노동과 노고를, 그리고 그로 인한 세계의 변화 과정을 지워버려서는 안 된다.

요컨대 인공지능 지도에는 인공지능이 만들어지고 작동하는 데 어떤 광물과 원료가 필요한지, 그것을 실시간으로 작동시키기 위해 어떤 표지판과 신호들이 세계 곳곳에 놓여 있어야 하는지, 어떤 노동자들이 채굴과 운송 작업, 각종 데이터 등록 작업을 맡고 있는지까지 수록되어야 한다. 인공지능은 단번에 만들어지지 않는다. 반도체 칩, 서버, 케이블 등이 유지 보수되어야 하고, 전력이 공급되고 엄청난 양의 물도 소비해야 한다. 데이터를 측정하고 분류하고 식별하고 수집하고 판별하려면 인간의 고된 노동이 필요하다.

---

[5] 브뤼노 라투르, 황장진 옮김, 『존재양식의 탐구』(사월의책, 2023), 173쪽.

서민의 비평 정신

117년 만의 최대 폭설, 대한민국 역사상 최대 규모의 산불, 117년 만의 극한 폭염……. 2025년 지금 한반도에서 기후위기는 이제 부정할 수 없는 현실이 되었다. 그렇지만 이 거대한 기후변화 앞에 놓인 작은 개인으로서는 무엇을 해야 할지 그저 막막하기만 하다. 너무 크고 복잡한 위기 속에서 나의 작은 행동이 무슨 의미가 있을지 회의감이 들기 마련이다.

하지만 내 방의 문제와 지구의 문제가 하나로 연결되어 있다면 어떨까? 지구를 돌보는 일과 자기 자신을 지키는 일이 이어져 있다면? 바로 이런 질문에서 출발한 책이 있다.

만화가 구희는 평범한 취준생 시절에 겪었던 기후위기 대응 에피소드를 웹툰으로 연재해 『기후위기인간』이라는 만화책을 펴냈다. 책을 발행한 출판사에서는 '환경 운동을 하고 싶은데 집에서 쉽고 편하게 하고 싶은 분'들에게 추천한다고 보도자료에 썼다. 좀 과장된 광고 문구처럼 보이지만 사실이다. 실제로 이 만화책은 '내 방과 지구'에서 '내 밥상이 지구를 해롭게 한다면', '나의 궁상 절약 이야기', '나는 모순덩어리입니다'까지 지극히 평범한 일상생활 속 기후위기 대처 방안을 이야기한다.

의 방향을 찾아가야 한다. 그리고 이웃과 만나기 위해서는 아래로 내려가고, 옆으로 이동해야 한다. 그러한 힘겨운 과정을 거쳐야만 영토와 소속을 다시 정의할 수 있다. 우리는 결코 서로 분열되어 있는 영토적 현실로부터 도망칠 수 없을 것이다. "그러나 같은 장소를 다른 방식으로 살 수는 있다."[19]

결국 이것은 어떻게 살아갈 것인가, 누구와 함께 공존할 것인가의 문제다. 우리는 어떤 존재로, 어떤 생명체들과 함께, 어떤 시간과 어떤 장소에 뿌리내린 채 살아갈 것인가? 기후위기 대응은 지구의 온도를 낮추는 문제만도 아니고 경제적 문제만도 아니다. 그것은 우리가 살아온 삶 전체의 철학을 다시 들여다보는 일이다.

너무 근본적인 문제제기일까? 그러나 우리 삶 전체가 관여되어 있는 생존과 거주의 방식을 바꾸지 않는다면 어떠한 기후위기 대응 전략도 결국에는 실패할 수밖에 없다. 소비와 노동, 교통과 먹거리의 문제를 동료 시민들과 함께 하나하나 자세히 들여다봐야 하는 이유다. 그렇기에 한편으로 지극히 현실적이어야 하지만, 다른 한편으로 지극히 급진적이어야 한다. 우리가 살아가는 그 모든 존재 방식의 근거를

---

[19] 브뤼노 라투르, 같은 책, 83쪽.

게 말한다. "더 많은 존재론들과의 더 많은 연결만이 아니라 더 강한 전회가 또한 필요하다."

최근 인류학에서는 존재론적 전회라는 새로운 사유 방식을 말한다. 서구 중심주의와 인간 중심주의를 비판하며 다양한 존재론적 관점을 탐구하는 작업이다. 인류학자 에두아르도 콘은 심지어 '숲이 생각한다'고 말하기도 한다. 그런데 이렇게 말하면, 사람들은 어떻게 숲이 '인간처럼' 생각할 수 있는지를 되묻는다. 이런 물음은 여전히 '그들도 우리처럼'이라는 생각의 틀에 갇혀 있다. 우리의 깊은 이야기라는 프레임으로 그들을 바라보는 셈이다. 이런 방식으로는 우리 자신의 인식론적 한계를 결코 넘어설 수 없다. 인간은 생각하는 주체이고, 비인간은 생각하지 못하는 객체라는 인간 중심주의를 반복할 뿐이다. 그래서 더 많은 연결만이 아니라 사고방식의 더 강한 전회가 필요하다. 박성관은 이렇게 덧붙인다.

> '숲도 생각한다'로 읽어서는 안 된다. 그건 우리 인간이 상정하고 있는 '생각'을 숲도 한다는 것이니까. 그럼 어떻게? 거꾸로 생각해야 옳고 또 그게 사실에도 맞다. 어떻게? 가령 이렇게. 숲이 생각한다, 그리고 그것을 우리도 하는 것이 생각이다. 마찬가지다 곤충도, 원숭이도, 새들도 암호화하고 해

서 그의 용기를 배우고 싶다고 말했는데, 이번에는 그의 끈기를 배웠다. 끝까지 글을 쓸 수 있게 배려해 준 그의 정성에 깊이 감사드린다.

집필을 이어 가는 데 《한겨레21》 연재가 큰 도움이 되었다. 무명의 필자를 믿고 지면을 내어 주신 《한겨레21》 편집부, 특히 이재훈 편집장과 이유진 기자, 김양진 기자에게 감사드린다. 1장부터 5장까지의 내용 중 일부는 이 지면에서 먼저 발표되었고, 그 초고가 없었다면 지금의 형태로 완성할 수 없었을 것이다. 연재 중에 응원과 공감을 보내 주신 분들이 많았다. 덕분에 힘을 받아 원고를 마무리할 수 있었다. 이 자리를 빌려 감사드린다.

전작과 마찬가지로 편집자를 위한 철학 독서회에서 다룬 책들이 많다. 2019년부터 시작된 이 독서 모임이 어느새 6년을 넘어섰다. 처음부터 줄곧 함께한 김현우 대표와 신새벽 편집자는 든든한 수호신 같은 존재다. 오랫동안 자리를 지켜 준 김세영 편집자, 조은 편집자와의 인연은 더욱 깊어졌다. 지금도 네 사람의 이야기를 주의 깊게 들으며 내가 가야 할 방향을 수정해 간다. 새롭게 합류한 김창한 편집자, 박소영 기자, 심예진 편집자, 양동혁 편집자, 홍우성 편집자의 이야기도 항상 귀담아듣고 있다. 이 책 곳곳에 동료들이 나눠 준 생각이 스며들어 있다. 모두에게 깊이 감사드린다.

희망의 불을 당긴 언어의 혁명가 - **버락 오바마**　207

연민과 공감의 언어로 분열을 안은 리더 - **저신다 아던**　210

국가 존엄을 생중계한 디지털 시대의 리더 - **볼로디미르 젤렌스키**　213

4장 한국 현대사의 말들 - 역사를 찾아서

통합과 화해를 외친 민족의 언어 - **여운형**　219

양심의 언어로 시대를 일깨운 사상가 - **함석헌**　222

자유와 민주를 외친 책임의 언어 - **장준하**　225

시대를 위로한 말의 지도자 - **김수환**　228

민주주의를 향한 소박한 열정의 언어 - **노무현**　231

시대를 설득한 자유주의자의 언어 - **김동길**　234

언어로 세상을 해석한 지성의 목소리 - **이어령**　237

5장 말과 예술의 경계에서 - 언어로 감동을 준 사람들

시와 노래로 세상을 깨운 인도의 목소리 - **타고르**　243

저항과 희망을 노래한 시의 언어 - **이육사**　247

침묵을 넘어 자유를 노래한 언어 - **마야 안젤루**　249

웃음 뒤에 숨겨진 시대의 언어 - **찰리 채플린**　252

부끄러움 속에서 빚어진 양심의 언어 - **윤동주**　255

상처 속에서 빛을 노래한 목소리 - **레너드 코헨**　258

노래하듯 울린 민족의 언어 - **김소월**　261

인공지능의 최종 사용자에게는 이 기나긴 제작 과정이 대개 간과되고 만다.

인공지능은 순전히 기술적 영역에 속해 있지 않다. 인공지능을 빚어내는 경제적, 정치적, 문화적 힘이 언제나 함께 존재한다. 그렇기에 인공지능이라는 새로운 지도를 한 땀 한 땀 만드는 동료 노동자들의 이야기가 중요하다. 사용자인 우리 자신도 이미 얼마간 동료 데이터 노동자가 아닌가. 생성형 인공지능에 입력하는 바로 그 데이터가 인공지능을 개선하는 데 도움을 주고 있으니 말이다. "창업자, 벤처 투자가, 기술 예측 전문가를 찬미하는 것이 아니라 AI 시스템에 의해 권력을 박탈당하고 차별당하고 피해를 당하는 사람들의 생생한 경험에서 출발해야"[6] 하지 않을까?

인공지능이 콜센터에 도입될 때

인류학자 김관욱은 콜센터 산업에 도입된 인공지능이 인간 노동의 경험을 어떻게 재편하고 있는지 보여 준다. 콜센터 노동자들은 인공지능 도입 과정에서 어떤 역할을 부여받고, 도입 이후 어떤 변화를 경험했을까? 그리고 인공지능

---

[6] 케이트 크로퍼드, 노승영 옮김, 『AI 지도책』(소소의책, 2022), 266쪽.

이 대체할 수 없는 인간 노동자의 역할은 무엇일까?

우선 인간 상담사는 인공지능을 교육한다.[7] 인공지능에게 한국어를 가르치면서 상담사가 수행하는 것은 훈련 과정에서 발생하는 아주 작은 오류들까지 포착하고 수정해 가는 '미세노동'이다. 문제는 상담사들이 그 어떤 지식재산권도 보장받지 못한다는 것이다. 이는 말 그대로의 의미에서 착취에 가깝다. 바로 이 미세노동의 결과물에 의해 인간 상담사들이 대체될 것이기 때문이다.

게다가 인간 상담사는 인공지능 답변에 화가 난 고객에게 사과를 대신 하기까지 한다. 단순 상담량은 감소했지만 긴 시간이 소요되는 난해한 상담은 인간의 몫이다. 그 과정에서 상담사는 고객의 말투와 침묵, 감정의 뉘앙스를 읽어 내고 조율하는 능력을 요구받는다. 그래서 노동의 질적 강도는 더욱 악화되었다. 다른 한편으로 인공지능은 노동자 해고의 면죄부가 되기도 한다. 상담사의 업무를 직접 대체하지 않더라도 고용 구조를 재편하기 위한 정치적 구실로 활용되는 것이다. 이 점에서 기술은 결코 중립적이지 않다.

하지만 "콜센터는 AI로 대체될 수 없는 인간 노동의 핵심이 무엇인지를 가장 선명하게 드러내는 현장"[8]이기

[7] 김관욱, 『AI가 대체하는, 대체 못하는 노동』(커뮤니케이션북스, 2025), 61쪽.
[8] 김관욱, 같은 책, 87쪽.

도 하다. 고객의 말투, 목소리의 높낮이, 침묵의 길이, 반복되는 단어 같은 비언어적 신호를 감지하고 적절히 대응하는 능력은 기계가 쉽게 모방할 수 없는 인간의 고유한 감각이다.

예컨대 추심노동의 사례는 인공지능 상담사가 실패하는 이유를 분명히 드러낸다. 연체된 대출금이나 신용카드 대금을 회수하는 추심 업무가 인공지능에게는 극히 어려울 수밖에 없다. "추심은 단순한 고지의 문제가 아니라 감정과 설득, 타이밍의 기술이 복합적으로 작용하는 고난이도 상호작용이기 때문이다."[9] 연체 고객의 감정을 자극하지 않으면서도 설득을 해내고, 때로는 함께 한숨을 쉬며 대화를 이어 나가는 이 긴장을 조율하는 것은 매우 윤리적인 노동의 면모다.

그리하여 이제는 상담사의 도덕 감각이 기업의 이윤 추구를 위한 도구로 활용된다. 미안함, 고마움, 수치심 등을 섬세하게 파악하고 그에 대응하는 능력이 측정되고 평가되는 대상이 되는 것이다. 김관욱은 이를 '도덕의 상품화'라고 부른다. 상담사가 고객 상태, 기업의 요구, 평가 기준, 자신의 가치관 사이를 오가며 스스로를 끊임없이 조율하는 인간적 역량이 기업의 이윤을 위한 자원으로 착취되는 상황이

---

[9] 김관욱, 같은 책, 91쪽.

다. 이런 상품화가 또 다른 소외로 이어지지 않으려면, 콜센터 상담사의 돌봄 능력을 재조명하고 다시 가치화할 필요가 있다.

조율자로서의 인간

여기서 조율(attunement) 개념에 대해 좀 더 깊이 들여다보고 싶다. 김관욱이 인류학자 사리타 암루테에게서 빌려온 조율 개념은 그 자체가 상당히 조율되어 만들어졌다. 암루테는 페미니스트 정동 이론에서 발전된 관계적 윤리 이론을 끌어와서 기술 정동의 문제와 기술 윤리의 문제를 연결시킨다.

암루테에 따르면 디지털 노동자들에게 조율은 단순한 감정노동이 아니다. 조율이란 "기술적으로 매개된 결정들의 장을 가로질러 사유하는"[10] 능력이다. 중요한 것은 조율이 인간과 인간의 감정적 소통을 넘어선다는 점이다. 조율 개념의 핵심은 일반적 규칙과는 다른 방식으로 작동하는 경험칙의 중요성이다. 정서적 조율만이 아니라 신체적, 주권적, 기술적 조율이 함께 얽힌다. 예컨대 출판 편집자는 저

---

[10] Sareeta Amrute, "Of Techno-Ethics and Techno-Affects", *Feminist Review* 123.1(2019), p. 70.

자, 독자, 원고라는 텍스트, 종이책이라는 물질, SNS 네트워크, 그리고 인공지능까지 이질적인 존재들 사이에서 지식을 조율한다.

콜센터 상담사의 조율 행위도 마찬가지다. 상담사들은 단지 고객의 기분을 달래는 데 그치지 않는다. 인공지능이 제공한 응답이 고객에게 적절하지 않다고 판단되면 실시간으로 개입해서 대화를 이어 간다. 이것은 규칙 적용이 아니라 경험칙을 발휘하는 것이며, 사람과 기술 사이에서 실질적인 관계를 맺어 가는 창조적 노동이다.

이렇게 볼 때 조율 개념은 김관욱이 제시한 도덕의 상품화와는 결을 달리한다. 김관욱은 상품화라는 마르크스주의적 프레임을 통해 잉여감정(친절함)과 잉여윤리(도덕적 책임감)의 착취를 날카롭게 포착했다. 그러나 이 프레임은 조율 노동의 부정적 국면에만 초점을 맞추는 경향이 있다. 그 때문에 노동자들이 기술의 불안정성을 현장에서 경험칙으로 조정하는 능동적 차원은 간과된다. 결과적으로 조율 노동의 다층적 역량을 드러내기보다는 기업에 의해 포획되는 경제학적 측면만 부각되는 셈이다.

아마도 조율 노동의 다층성을 제대로 파악하는 길은 가치 포획의 국면이 아니라 가치 창출의 국면에 관심을 기울이는 데 있지 않을까. 편집 노동이 좋은 예다. 편집자는 저자와 독자, 디자이너와 마케터, 원고와 종이책, 동네서점과 온라인 플랫폼까지 서로 다른 행위자들을 설득하고 조율하여 가장 바람직한 결과물을 만들어 낸다.

예를 들어 5장에서 보았던 스피박 스캔들이 벌어졌을 때 나는 과열된 논쟁 상황에 개입하는 조율 노동을 한 적이 있다. 나는 SNS에 이렇게 썼다. "스피박 통역 논쟁이 불모의 잔재만 남기지 않으려면 관련 책을 읽어 볼 필요가 있다. 이상길의 『아틀라스의 발』, 브뤼노 라투르의 『존재양식의 탐구』를 추천한다. 이론 수용의 굴절을 고려하는 동시에 우상 파괴의 유혹에 저항해야 한다."[11] 이 발언은 그저 홍보가 아니었다. 격렬한 온라인 논쟁과 종이책이라는 이질적 매체 사이에 새로운 연결선을 만들고, 독자들이 사건을 다른 차원에서 사유할 가능성을 열려는 시도였다. 이런 작은 조율 활동도 기존에 없던 가치를 만들어 낼 수 있다.

인간 고유의 조율 능력은 사소해 보일 수 있다. 편집자가 행하는 조율 활동이란 읽을 만한 책을 고르고, 동료들과 토론하고, 잠재적 저자를 북돋고, 책들을 연결하는 지도를 그리는 일이다. 편집자들이 숨 쉬듯이 하는 일이 평상시 책을 읽지 않는 사람들에게 도움이 될 때 나와 동료들은 이 일

---

[11] https://x.com/taiot/status/1953258137915711780.

이 사소하지 않다는 걸 확인한다. 다른 노동자들이 하는 일도 마찬가지다. 인간성이란 거창한 본질에 있지 않다. 이런 사소한 조율을 통해 서로가 보조를 맞추고 함께 살아가는 데 있다.

라투르가 말했듯 "연결시키는 자가 곧 인간이다."[12] 인간은 고정된 본질을 가진 존재가 아니라, 환원 불가능한 연결과 조율 속에서 다양하게 변형되는 존재다. 현실에서 노동은 언제나 착취와 포획의 위험 속에 놓여 있지만, 동시에 새로운 관계와 가치를 창출하는 가능성을 품고 있다. 바로 그 가능성을 붙드는 것이야말로 조율자로서 인간의 고유한 몫이다.

인공지능과 함께 산다는 것

2024년 9월 6일에 열린 응용언어학자 김성우의 북콘서트에 참석한 적이 있다. 『인공지능은 나의 읽기-쓰기를 어떻게 바꿀까』라는 책의 북콘서트였다. 그때 나는 한 가지 질문을 던졌다. 연구자나 강사들이 주로 지적하는 인공지능 대체론은 어쩌면 그들의 위치성을 반영하고 있는 견해는 아

[12] 브뤼노 라투르, 홍철기 옮김, 『우리는 결코 근대인이었던 적이 없다』(갈무리, 2009), 340쪽.

닐까 하는 물음이었다. 인공지능이 모든 집필 노동, 특히 리포트 작성을 대체하고 있다는 관찰은 과장된 게 아닌가?

실제 편집 과정에서 인공지능을 활용하는 방식은 대체보다는 '더하기'에 가깝다. 현재의 생성형 인공지능은 번역자도 편집자도 완전히 대체할 수 없지만, 비교 검토를 위한 제3의 견해를 얻는 데는 확실히 도움이 된다. 예컨대 번역자가 내놓은 초벌 번역 원고를 편집자가 인공지능과 함께 검토하는 식이다. 편집 실무에서 인공지능 사용은 시간 절약이나 인력 대체가 아니라 원고의 정확성 향상을 목표로 삼을 수 있다. 이는 인공지능을 보는 시각이 그 활용법에 따라 상당히 달라질 수 있음을 뜻한다. 인공지능은 같은 문장을 완벽히 있는 그대로 똑같이 출력할 수 없다는 치명적인 단점이 있지만, 이는 오히려 기존의 글을 패러프레이징 하는 데에는 의미 있게 사용할 수 있는 장점이 된다. 그러니까 단점이냐 장점이냐는 상당 부분 사용법에 달려 있다는 이야기다.

이렇게 읽기-쓰기의 대체자가 아니라 제3의 동료인 인공지능 사용법의 문제를 제기하자 김성우는 그것은 그 나름의 전문성을 갖춘 사용자에게만 유효한 사용법이라고 반박했다. 인공지능이 제공하는 제3의 관점을 평가할 수 있는 전문적 식견이 있어야만 기계에 휘둘리지 않고 올바른 판단을 내릴 수 있다는 이야기였다. 그의 지적은 옳았다. 교수가 학생들의 과제 작성을 걱정하는 것과 편집자가 인공지능을 활용하는 것은 서로 다른 상황이다. 결국 인공지능을 둘러싼 논의는 '누가, 어떤 맥락에서, 무엇을 위해' 인공지능을 사용하느냐에 따라 그 의미가 달라진다.

김성우는 "'인공지능의 시대'에도 여전히 많은 기술과 미디어는 삶의 다양한 맥락에서 각자의 역할을 해내고"[13] 있다고 말한다. 이메일은 여전히 주요한 소통 수단이고, 라디오는 운전자의 가장 좋은 벗이며, 명함과 초대장은 건재하고, 다이어리는 지금도 많은 이의 사랑을 받고 있다. 무엇보다 글쓰기를 위한 생각의 단초는 다양한 사람과의 만남과 대화 속에서 생겨난다.

한마디로 말해 인공지능은 이 촘촘한 기술-사회적 관계망 안에 새롭게 편입된 하나의 존재일 뿐, 우리가 읽고 쓰고 말하고 생각하는 방식을 전면적으로 재규정하지 못한다. 인공지능은 기존의 기술을 완전히 대체할 수 없다. 어떤 기술도 인간의 삶을 전면적으로 대체하지 못한다. 마치 그럴 수 있는 것처럼 과장되게 선전되고 있기는 하지만 말이다. 그래서 김성우가 내린 결론은 어쩌면 평범하다. "기술을 단

[13] 김성우, 『인공지능은 나의 읽기-쓰기를 어떻게 바꿀까』(유유, 2024), 40쪽.

순히 수동적인 도구가 아닌 관계의 주체이자 리터러시 생태계의 일원으로 바라볼 때 더 나은 읽기-쓰기가 가능해진다"[14]라는 것이다.

인공지능이 더 잘하는 일과 인간이 더 잘하는 일이 있다. 『AI 지도책』의 번역자 노승영은 옮긴이의 말에서 자신의 경험을 하나 언급한다. 기계 번역을 잘 학습시키면 웬만한 문장은 인간 번역가 못지않게 훌륭히 번역할 수 있다. 그러나 "인공지능은 자신이 어떻게 해서 그 번역을 도출했는지 설명하지 못하며 우리는 인공지능의 오역에 대해 책임을 물을 수 없다."[15] 사소한 일상의 대화라면 괜찮을 수 있지만 정작 중요한 문제에 대해서는 여전히 온전히 맡길 수 없는 셈이다.

기술을 두려하거나 거부하지 않기 위해서는 기술이 만들어지는 과정에서 일어나는 일에 깊은 관심을 기울여야 한다. 지도와 영토의 문제 역시 이와 맞닿아 있다. 지도에 휘둘리지 않고 영토에 뿌리내린 채 지도를 지혜롭게 활용할 수 있으려면, 현재 주어진 지도가 유일무이한 형태의 최종 결과물이 아니라는 것을 인식해야 한다.

신비하고 위협적인 인공지능은 홀로 작동하지 않는다.

---

[14] 김성우, 같은 책, 24쪽.
[15] 케이트 크로퍼드, 노승영 옮김, 『AI 지도책』(소소의책, 2022), 293쪽.

데이터 검수자, 상담사, 개발자 등 서로 다른 위치의 동료 노동자들이 모여야만 비로소 작동한다. 그러나 이들의 노동은 보이지 않거나 과소평가되며 종종 기계의 이름으로 지워진다. 인공지능을 제3의 동료로 받아들인다는 것은 이 보이지 않는 동료들의 노동을 다시 조명하고, 그 불평등을 직시하는 일과 맞닿아 있다. 케냐의 데이터 노동자, 한국의 콜센터 상담사, 중국의 광산 노동자들의 노동 조건을 개선하는 일이 곧 더 나은 인공지능을 만드는 일이다.

인공지능이 삶을 구할 수 있을까? 그것은 우리가 어떤 인공지능을 만들고, 어떻게 사용하며, 어떤 방향으로 이끌어 가느냐에 달려 있다. 기술이 우리를 구하는 것이 아니라, 우리가 기술을 통해 서로를 구하는 것이다.

나는 이 생각을 기술문화연구자 박승일의 『기술은 우리를 구원하지 않는다』를 편집하며 깨닫게 되었다. 박승일은 SF 영화에 담긴 기술 이야기를 통해 기술과의 올바른 관계 맺기를 모색한다. 영화 「터미네이터 2」를 떠올려 보자. 터미네이터 T-800은 인공지능 로봇이다. 주목할 것은 T-800(아놀드 슈워제네거 분)과 존 코너(에드워드 펄롱 분)의 관계다. 존 코너는 기술에 맞서는 전사도 아니고 기술을 신봉하는 과학자도 아닌 연약한 청소년이다. 하지만 약하고 평범한 보통 사람이기에 T-800과 기꺼이 동료 관계를 맺는다. 존은 T-800에게 인간적인 언어 표현과 제스처를 가르치며 서로 교감하고 우정을 나눈다. 그럼으로써 자신과 가족, 미래를 구한다. 기술을 길들이고 기술과 공존하는 것. 그것은 "영웅이 아니더라도, 아니 오히려 보통 사람이기 때문에" 할 수 있는 일이다.[16] 동맹이라는 선택은 약자의 능력이기 때문이다.

---

[16] 박승일, 『기술은 우리를 구원하지 않는다』(사월의책, 2025), 80쪽.

[7장]
신발 속 돌멩이를 들여다보며
—내 방과 기후위기

운전면허를 딴 지 20년이 지났지만 나는 지금껏 자동차를 소유한 적 없고 운전대를 잡아 본 적도 없다. 여기에는 두 가지 이유가 있다. 소도시 경주에서 태어나 자랐지만 대학 시절부터 줄곧 대도시 서울과 고양에 살고 있기에 개인 차량이 없어도 일상적으로 이동하는 데 불편함이 거의 없다는 것이 첫 번째 이유다. 여전히 소도시에 머물고 있거나 농어촌 지역에 살았다면 진작 승용차를 구입했을지도 모른다.

두 번째 이유는 탄소를 배출하는 자동차를 굳이 개인용으로 타고 다니지 않겠다는 생각이다. 버스와 지하철로 대도시의 교통망을 이용할 수 있는데 나 혼자 조금 편하자고 승용차를 소유해야 할까. 하지만 이 역시 딸린 가족 없이 오랜 기간 1인 가구로 살아왔기에 익숙한 생각일지도 모른다. 아이를 등하교시키거나 가족과 자주 이동해야 하는 사람들에게는 승용차가 생활필수품이나 다름없기 때문이다.

소박하나마 자동차 없는 삶, 생태 친화적인 실천을 지속할 수 있었던 것은 내가 상대적으로 유리한 조건 위에 있었기 때문임을 부정할 수 없다. 대도시에 사는 1인 가구의 생활 조건 속에서 가능했던 실천을 마치 누구에게나 적용될 수 있는 보편적 윤리인 양 말할 수는 없는 일이다.

'자연을 보호하자', '지구를 살리자' 같은 모호한 구호의 맹점이 여기에 있다. 누구나 동의할 수 있을 만큼 추상적인 말은 그 말을 실천해야 할 사람들의 구체적인 삶의 조건이나 가능한 선택지를 충분히 고려하지 못한다. 자연이라는 말부터 너무 아득하다. 라투르는 이 아득함의 문제를 간명하게 짚어 낸 바 있다. "자연을 지키자는 말에는 하품이 나온다. 영토를 지키자는 말에는 몸이 움직인다."[1]

'자연 보호'처럼 추상적인 말로는 사람들의 마음을 움직이기 어렵다. 반면 내가 살아가는 구체적인 터전이자 생존의 조건이 걸려 있는 '영토'를 지키자는 말은 실질적인 관심을 촉발할 수 있다. 우리가 발을 딛고 살아가는 세계는 추상적인 행성이 아니라 특수한 영토이기 때문이다.

---

[1] Bruno Latour, "Défendre la nature: on bâille. Défendre les territoires: on se bouge", *Reporterre*, 2017.11.23.

밥상과 절약이라니, 언뜻 사소하고 소소한 개인적 행동과 실천에 불과해 보인다. 하지만 구희의 질문은 근본적이다. 방에 놓인 수많은 물건들과 잡동사니들을 "도대체 어떤 경로로, 왜 소비하였나?"[2] 하는 질문을 던지는 데서 출발한다. 자신의 충동적이고 무분별한 소비 유형을 정교하게 분석하기도 한다. 물건 쟁이기형 소비(예컨대 세트 맞추기 구매), 변화만 바라기형 소비(마음만 앞선 운동기구 구매), 소비의 짜릿함형 소비(충동구매) 등등. 그리고 이렇게 자문한다. 진정 나를 위해 이 물건들을 샀는가?

소비에 대한 자기 성찰은 자연스레 이 물건들이 도대체 어디에서 왔는지에 대한 생산 경로 탐색으로 이어진다. 딱 한 번 입은 옷은 인도네시아 공장에서 제작되었고, 택배 박스를 만드는 데 쓰이는 펄프는 미국과 캐나다의 숲에서 왔다. 줏대 없는 소비가 내 방을 어지럽힐 뿐 아니라 지구를 오염시키는 데 기여하고 있다는 사실을 구희는 깊이 자각한다. 소비만이 아니다. 노동 역시 그랬다. 디자인 업계 종사자로서 구희는 예쁘고 아름다운 것을 만드는 자신의 노동이 결국 "물건을 돋보이게 하고 지갑을 열게 하는 것"이었음을, 그리하여 "나의 노동은 그야말로 물건의 무한증식운동에

---

[2] 구희, 『기후위기인간』(알에이치코리아, 2023), 50쪽.

기여하는 일"[3]이었음을 깨닫는다. 소비와 노동 전반에 걸쳐 내 삶 자체가 알고 보니 탄소 배출로 이루어지고 있었던 셈이다.

그렇게 내 방에서 시작된 탐색의 여정을 뒤따라가다 보면, 내가 누리고 소비하는 모든 것들이 지구 어딘가에서 비롯된 것이고 또 다른 누군가의 삶과 연결되어 있음을 알게 된다. 바로 이 점에서 내 작은 방은 전 지구로 확장되어 있는 영토다. 내가 마시는 커피의 재료인 커피콩이 에티오피아 남부 지역에서 바다를 건너 한국 땅에 왔다면, 에티오피아 또한 나의 영토 중 일부가 된다. 한국 땅에서 살아가더라도 내가 살기 위해 의존하는 영토의 범위는 지구 전역에 걸쳐 있을 수 있다.

그러니 이렇게도 말할 수 있겠다. 내 방이 지구이자 내 몸이 기후다.[4] 지구와 내 방, 기후와 내 몸이 연결되어 있다면 어디에서 시작하든 그 연결망 전체를 따라갈 수 있다. 어디에서 개입하든 아주 작은 규모일지라도 그 뒤얽혀 있는 세계를 바꾸어 낼 수 있다. 구희는 작은 규모에서 내가 이런저런 일을 할 수 있다면 어쨌든 나에게는 행동하고 선택할 역량이 있다는 것을 통감한다. 지구의 온도를 올리는 일에

[3] 구희, 같은 책, 271쪽.
[4] 김대우, 『몸이 기후다』(경희대학교 출판문화원, 2024).

나 자신이 부지불식간에 참여하고 있다면, 기후위기에 대한 대응 역시 이론이나 이념의 문제가 아니라 생활과 습관의 문제일 수밖에 없다.

그래서 기후위기 같은 거대한 문제에는 작은 개인들의 비평 정신이 대응한다. 자신의 욕구에 어쩔 수 없이 집착하고 애착하면서도 그 욕구 자체를 비평적으로 다룰 수 있어야 한다. 『기후위기인간』이라는 만화책이 너무 심각하지 않게 자신의 삶 전체를 성찰할 수 있었던 것은 만화 특유의 비평 정신 때문은 아니었을까. 일본 만화의 대부 데즈카 오사무가 말했듯 만화란 "이래서는 안 되지 않나 하는 서민의 비평 정신을 여과 없이 그리는 것"이며 그 속에 담긴 "해학은 어디까지나 대중의 무기"다.[5] 철학책이나 이론서가 놓치는 일상의 사소한 욕구를 둘러싼 서민의 비평 정신을 구희의 만화책은 놓치지 않았다.

구희는 그렇게 완벽한 인간으로서가 아니라 '자율적인 마음'을 간직한 인간으로서 기후위기 속 모순된 일상을 살아 나가려 애쓴다. 자신의 삶을 비평하고 소비와 생산의 경로를 고쳐 쓸 수 있는 스스로의 역량을 기르면서 말이다. "이건 혼자 해결할 수 있는 문제가 절대 아닌 것 같다. 모두

---

[5] 데즈카 오사무, 김재훈 옮김, 『데즈카 오사무의 만화 교과서』(영진닷컴, 2023), 27쪽.

가 바뀌어야 하는 문제고, 무엇보다도 체제가 바뀌어야 하는 문제이다."[6]

자동차는 땅에서 자라나지 않는다

기후위기는 개인들의 욕망과 한없이 뒤얽혀 있는 일상생활의 문제인 동시에 그러한 욕망을 지탱하는 시스템과 체제의 문제이기도 하다. 이 점이 가장 잘 드러나는 영역 중 하나가 바로 교통 시스템이다. 대도시의 교통망을 이용할 수 있는 사람은 탄소를 내뿜는 승용차 없이도 괜찮지만, 소도시나 농어촌 지역처럼 애초에 대중교통 시스템이 충분하지 않은 곳이라면 상황은 완전히 달라진다. 나의 이동 선택지는 철저히 교통 시스템에 의해 좌우되기 마련이다.

그렇다면 교통 문제에 관한 책이 기후위기를 헤쳐 나가기 위한 철학책이 될 수도 있지 않을까? 놀랍게도 이미 그런 책이 존재한다. 교통 연구자이자 철학 연구자 전현우의 『납치된 도시에서 길찾기』가 바로 그렇다. 전현우는 교통 문제를 기후위기의 견지에서 사유하기 위해서는 이동과 교통에 관한 논의가 필연적으로 철학적으로 될 수밖에 없음을

[6] 구희, 『기후위기인간』(일에이치코리아, 2023), 231쪽.

깨닫는다. 철학이 나와 세상 사이의 관계를 총체적으로 사유하는 태도에 붙여지는 이름이라면, 그리고 기후위기가 우리가 세상에 거주하는 방식 전체를 의문에 부치는 사태라면, 이동과 교통의 문제를 철학적으로 되돌아보는 것은 지금 우리 모두가 시급히 고민해야 할 핵심 과제가 된다.

나는 이 책이 출간되기 전에 동료로서 피어 리뷰를 했다. 원고를 읽으면서 언급하는 장소들을 눈으로 보고 걸으면서 같이 대화하고 싶은 느낌이 들었다. 구체적인 장소들에 깊이 천착하는 현장성이 있는 글이었기 때문이다.

내가 경주를 생각할 때 전현우는 인천을 생각한다. 그가 인천 버스를 타고 서울에 있는 대학으로 통학하는 데는 매일 서너 시간이 걸렸다. 지하철 1호선은 논문과 책을 몰입해 읽을 수 있는 온전한 시간을 선사했지만, 집에서 역까지 가는 인천 버스는 노선이 너무 구불구불해 걸어가는 게 빠를 정도였다. 살면서 가장 많이 욕한 대상이 인천 버스라고 그는 고백한다. 하지만 이 고난의 경험이 대중교통 시스템에 대해 생각하도록 그를 이끌었으니 오히려 전화위복이 된 셈이랄까.

전현우는 매일의 이동 기록을 남기는 사람이다. 구글 지도의 타임라인 기능에서 도움을 받아 자신이 교통수단을 얼마나 이용하며 또 얼마나 탄소를 뿜는지 추적하고 이를 스프레드시트로 정리 기록한다. "택시는 물론 나를 태우러 움직인 다른 사람의 승용차 이동도 감안"[7]하는 치밀한 기록 활동이다. 이렇게 이동 기록에 신경 쓴 결과, 기록하기 전과 비교하여 승용차와 택시의 이용량이 절반 이상 줄었다고 한다.

구희와 마찬가지로 전현우 역시 자신이 살기 위해 의존하는 영토를 성찰하고 비평한다. 다른 것이 하나 있다면, 영토와 영토를 잇는 교통의 문제에도 주목한다는 점이다. 현대 사회에서 걷기와 자전거 타기를 제외한 거의 모든 이동에는 탄소라는 비용이 들지만, 교통 문제는 수많은 기후 정책에도 불구하고 전 세계적으로 전혀 개선되지 않았다. 전현우는 여러 교통 데이터를 분석하며 이 불길한 현황을 이렇게 요약한다. "세계 어디에서나 교통에서의 온실가스 배출량은 에너지를 사용하는 다른 분야보다 더 빠르게 증가해 왔다. 개발 방향을 감안하면 앞으로도 이 추세가 뒤집힐 것이라고 전망하기는 어렵다."[8]

어째서일까? 이동에 대한 깊은 열망 때문이다. 더 빨리, 더 멀리, 더 편리하게 이동하고자 하는 현대인의 열망은 개인, 산업, 국가 할 것 없이 모든 영역과 분야를 가로지

[7] 전현우, 『납치된 도시에서 길찾기』(민음사, 2022), 203쪽.
[8] 전현우, 같은 책, 37쪽.

르는 공통의 욕망이다. 그리고 이것이 '이동의 위기'를 낳는다. 여기서 이동의 위기라는 표현은 지극히 역설적이다. 이동하기 어려운 위기가 닥친 것이 아니라, 오히려 우리가 너무나 잘 이동하고 있기 때문에 위기가 왔기 때문이다. 더 빨리, 더 멀리, 더 편리하게 이동하려는 욕망 자체가 기후위기 대응의 관점에서는 막대한 부담이 되어 돌아오는 것이다.

그런데 매일같이 출근길 버스에 의존하면서도 교통에 대한 나 자신의 의존성과 기후위기의 연관성에 대해서는 어째서 생각이 미치지 못했을까? 전현우는 마음과 동력기관의 근대적 단절로 거슬러 올라간다. 결국 교통이란 우리의 확장된 발이자 신체이지만, 이것이 우리의 신경망과는 전혀 연결되어 있지 않다. 그렇기에 이동에서 발생하는 탄소 배출로 인한 기후위기의 위협을 우리 자신의 이야기로 인지하지 못하고 있다는 것이다.

오늘날 도시에서 점점 더 도보 이동이 불편해지고 자동차가 이동 방식 전체를 지배하게 되었음에도 불구하고 우리는 이 사실을 충분히 인식하지 못한다. '납치된 도시에서 길찾기'라는 책의 제목이 가리키듯, "걷기 공간의 납치가 이루어져 온 과정이 바로 한국 현대사의 흐름"[9]이기도 했다.

[9] 전현우, 같은 책, 140쪽.

쇼핑몰을 고속도로에 따라 짓는 유통 대기업이 있고, 차량 크기가 점점 커지고 에너지 효율이 낮은 SUV가 증가하고 있음에도 그것들이 낳는 환경 비용은 논의조차 되지 않는 심각한 현실이 존재한다. 전현우는 이 상황에 대해 '자동차 지배'라는 이름을 붙인다.

자동차 지배는 하루아침에 이루어지지 않았다. 경부고속도로 건설로 상징되는 1960년대 이후 한국의 개발 근대화 과정에서 자동차는 발전과 성공의 상징이 되었다. 그 결과 "이제 감소세에 접어든 한국인과는 달리 자동차는 매년 50만 대 이상 늘어나는 중이다. 자동차가 줄어드는 지역 또한 없다. 자동차를 한반도의 새로운 지배자라고 해도 과장은 아니다."[10]

여기에는 대가속 시대의 어두움이 있다. 과연 20세기 한국의 역사는 발전의 역사였을까?[11] 빈곤 해소와 사망률 감소, 소득 증가와 생활의 편리는 분명한 성과였지만, 동시에 바로 그 '발전'의 결과로 우리는 폭염과 홍수가 일상이 되어 버린 도시에 산다. 가속화된 발전의 이면에는 지구 생태계의 파괴가 있다. 자동차로 상징되는 이동과 발전의 대

[10] 전현우, 같은 책, 69쪽.
[11] 고태우, 「대가속의 어두움: 20세기 한국의 역사는 발전의 역사인가?」, 《역사학보》 257호(2023).

가속은 라투르가 말하듯 "너무나도 예측이 틀려서 부모가 자식에게 거주할 세상을 물려주기조차 어려울 정도로 형편없는 문명의 이상"[12]이었을지도 모른다.

어떻게 해야 할까? "결국 삶의 양식을 바꾸라는 성가신 요구를, 당장 늘어나는 비용에 고통을 호소하는 사람들 앞에서, 대체 어떻게 할 수 있을까?"[13] 다행히도 교통 문제에는 개인에게 선택권이 존재한다. 4장에서 본 것처럼, 누구도 단순히 구조의 희생자로 치부될 수는 없다. 현실의 제약을 인정한다 해도 그 한계 내에서 더 나은 선택과 성찰을 할 수 있는 여지는 언제나 남아 있다.

그래서 전현우는 정론을 이야기한다. '사회적 압력'이나 '넌지시 권하기'처럼 외적으로 강요되는 방식은 기후위기 대응에 일시적으로 효과가 있을지 몰라도 지속적이지 않다. 개인의 마음을 근본적으로 바꾸어 나갈 수 있는 '정보 기반 동의', 곧 정보에 기반을 둔 행동 원칙에서 정직하게 시작할 수밖에 없다. 내가 이동에서 배출하는 탄소가 얼마인지, 현재의 교통 시스템이 어떻게 탄소 배출을 증가시키는지를 충분한 정보에 입각하여 시민들 자신이 검토할 수 있는 여유

---

[12] 브뤼노 라투르, 박범순 옮김, 『지구와 충돌하지 않고 착륙하는 방법』(이음, 2021), 98쪽.
[13] 전현우, 『납치된 도시에서 길찾기』(민음사, 2022), 205쪽.

가 필요하다는 것이다. "각자의 삶과 이유 속에서, 기후위기와 이동의 위기를 곱씹을 시간과 정보가 필요하다. 모든 사람에게는 스스로 상황을 이해할 여유가 필요하다."[14]

이는 정확히 구희의 만화책과도 연결되는 문제의식이다. 소비자로서는 기업을 바꾸고, 시민으로서는 정치를 바꾸는 것. 일상생활 속 나의 욕망을 비평적으로 성찰하는 한편, 교통 시스템을 비롯한 체제 자체가 바뀔 수 있도록 나의 노력을 정책적으로 제도화하는 것. 결코 지름길은 없지만 어디로 어떻게 걸어가야 할지는 이제 분명하다.

누가 친구이고 누가 적인지
알 수 없는 세상에서

하지만 이런 체제 전환이 아무런 갈등도 없이 평화롭게 이루어질 것이라고 생각한다면 그것은 너무 순진한 생각이다. 각자의 생존과 생계가 걸려 있는 영토를 둘러싼 치열한 정치적 갈등과 직면하지 않는다면, 여전히 '자연을 지키자'와 같은 하품이 나오는 구호에만 머물러 있을 수밖에 없다.

환경전문기자 윤지로는 『탄소로운 식탁』에서 우리가

---

[14] 전현우, 같은 책, 215쪽.

놓친 먹거리 속 기후위기 문제를 다룬다. 그는 지극히 현실적인 문제를 거론한다. 예를 들어 탈육식과 유기농 산업이라는 지향에는 정책과 시장, 대량 실업의 우려까지 함께 얽혀 있다. 육식 섭취 인구가 크게 줄어든다면 축산업은 시장성이 없어지고 9만 명이 넘는 한국 축산업 종사자들은 직장을 옮겨야 한다. 그런데 축산업 종사자들의 일자리를 어떻게 정의롭게 전환할 수 있을까? 우리는 충분한 대책을 갖고 있을까?

교통 시스템과 마찬가지로 "식량 시스템은 기후변화의 가해자인 동시에 최대 피해자다. 그런데 우리 사회에서 기후변화를 논할 때 식량 시스템은 늘 피해자 역할만 맡는다."[15] 벼농사나 과일농사를 망쳤다고 한탄하는 농부들의 목소리는 뉴스에 나오지만, 땅을 갈아엎고 논에 물을 대고 비료와 농약을 만들고 비닐하우스와 양식장을 운영할 때 배출되는 온실가스 이야기는 거의 논의되지 않는다. 어떻게 탄소 중립적인 먹거리 생산 시스템을 만들 것인가에 대한 구체적인 이야기는 찾아보기 힘든 것이다.

이렇듯 실제 상황을 깊이 파고들면 기후위기 문제를 풀어내는 방법도 결코 간단할 수 없음을 알게 된다. 축산업자

---

[15] 윤지로, 『탄소로운 식탁』(세종서적, 2022), 70쪽.

에게 정면으로 '탈육식'을 이야기할 수 있을까? 어려운 일이다. 하지만 축산업자도 에너지 전환을 꿈꾼다는 것을 알게 된다면 이야기가 조금은 달라질 수 있다. 윤지로는 충남 홍성에서 돼지를 키우며 탄소 중립을 지향하는 농장 대표 이도헌의 말을 이렇게 전한다. "온실가스 감축 차원에서 육식 감소는 받아들여야 한다고 생각해요. 하지만 더욱 정교한 논의가 필요하다고 봅니다. 먼저 우리의 현실을 반영한 탄소발자국을 정확히 측정할 필요가 있어요."[16] 그래서 윤지로는 기후위기를 막기 위해 채식을 하자는 주장에 공감하면서도 전적으로 동의하지는 않는다. "고기냐 채소냐를 선택할 게 아니라 고기든 생선이든 과일이든 곡식이든 모두 '어떻게 시스템 자체를 탄소 중립으로 바꿔 나갈까'를 고민하는 게 좀 더 현실적인 질문"[17]이기 때문이다.

이처럼 축산업자와 채식주의자 사이의 긴장은 기후위기의 특징을 드러낸다. 기후위기 대응은 사람들을 통합시키지 않고 오히려 분열을 초래한다. 자동차 회사와 대중교통 이용자, 개발업자와 생태운동가는 서로 다른 이해관계를 가지고 있다. '아마존 숲이든, 빙하든, 지구 대기 온도든 우리가 힘을 모아 구할 수 있겠지'라고 낙관하며 실제 상황

[16] 윤지로, 같은 책, 82쪽.
[17] 윤지로, 같은 책, 271쪽.

속 긴장과 갈등을 부정하는 것은 문제를 푸는 데 거의 도움이 되지 않는다. 차라리 '이것은 거의 전쟁 상태에 가깝다!'라고 솔직히 인정하는 것에서부터 다시 시작해야 할지도 모른다. 누가 친구이고 누가 적인지 알 수 없는 상황 속에서는 천천히 나아갈 수밖에 없다. 일종의 게릴라전, 곳곳에서 벌어지는 작은 전투들과 협상들이 있다.

예컨대 탈석탄을 주장하는 생태운동가와 일자리를 잃을까 두려워하는 석탄화력발전소 노동자는 대립하는 것처럼 보인다. 두 집단은 어쩔 수 없이 적이 될 수밖에 없을까? 하지만 둘 다 안전한 일터와 지속가능한 미래를 원한다는 점에서 공통분모를 찾을 수도 있다. 이런 연대의 가능성을 놓치지 않아야 한다. 동시에 같은 생태운동 진영 내에서도 원자력 발전을 둘러싼 입장 차이로 갈등한다는 현실도 받아들일 필요가 있다. 갈등과 불화는 도처에 있다.

바로 그렇기에 각자가 어떤 영토에 거주하는지를 정확히 알아야 한다. 나는 무엇에 의존해 살고 있고, 내 선택은 누구에게 어떤 영향을 미치는가? 그리고 나와는 다른 영토에서 다른 방식으로 살아가는 이들과 어떻게 교섭하고 연대할 수 있는가?

이렇게 교섭을 고민하는 나에게 전현우는 뜻밖에 가족 이야기를 꺼냈다. "제 경우는 고기도 더 줄였습니다. 마블링

된 소고기는 대사성 질환의 맛을 내는데 탄소 배출까지 많다면 돈이 있다고 함부로 먹으면 안 될 물건인 셈이죠. 다만 가족이 요구하는 상황에서는 그냥 먹습니다. 이럴 때 가족과도 싸워야 하는가?" 육식에 이어 일회용품, 항공 여행 등 일상에서 부딪치는 문제들에서 그는 때로는 상점에서 점원에게 큰소리로 요구하고, 해외여행을 계획하는 가족에게 찬물을 끼얹으며 싸우기도 한다는 이야기였다. 이것은 그저 일상 잡담이 아니라, 자동차산업 종사자, 철도노동조합원, 생태운동가가 모인 자리에서 그가 발표를 하는 일만큼 무게가 있는 일로 다가왔다.

이웃과 교섭하자

코로나 이후의 생태철학을 펼치는 『나는 어디에 있는가?』에서 라투르는 "첫 삽을 뜨기 위해, 먼저 다들 제 이웃과 교섭을 재개할 것"[18]을 주문한다. 그렇다. 교섭해야 할 상대는 이웃, 가족, 동료, 그리고 어쩌면 적이다. 나의 영토를 알고 이웃의 영토를 안다면, 그리고 그 누구도 서로의 영토를 완전히 지배할 수 없다면, 교섭을 통해 더 나은 공존

---

[18] 브뤼노 라투르, 김예령 옮김, 『나는 어디에 있는가?』(이음, 2021), 114쪽

다시금 문제 삼아야 한다는 점에서 그렇다.

어떻게 이 작업을 모순된 일상 속에서 시작할 수 있을까? 우선 밖으로 나와 걷는 것부터 시작해 보면 어떨까. 작가이자 일러스트레이터 이다는 도시관찰의 효능을 이렇게 이야기한다. "기후위기로 세상은 곧 망해 버릴 것만 같고, 나란 존재는 금방 사라질 것 같다. 이런 상황에서 나는 아무것도 할 수 없을 것 같고 무력하게 느껴진다. 하지만 밖으로 나와 걸으며 주변을 관찰하면 이런 무력감이 조금 옅어진다. '관찰'의 효능은 대단하다. 관찰하면 관심이 생긴다. 관심이 생기면 이해하고 싶어진다."[20]

왜 관찰이 중요할까? 관찰을 통해 우리는 나의 머릿속을 벗어나 세계에 들어선다. 밖으로 나와 자세히 관찰하기만 하면 이전에 볼 수 없었던 것들이 보인다. 혼자만의 고민에만 갇혀 있지 않고 타인과 세계를 재발견하는 법을 배우게 된다. 만화가 구희가 보여주었던 서민의 비평 정신도 이런 일상의 관찰에서 나온다. 관찰은 '나'의 눈으로 '세상'을 알아가는 것이고, 이를 통해 세상의 존재와 나의 존재가 다시 빚어진다.

그렇게 밖으로 나와 걸으면 내 머릿속 담론과는 다른

---

[20] 이다, 『이다의 도시관찰일기』(반비, 2025), 15쪽

상황이 펼쳐진다. 누구도 모든 세계를 머릿속에 온전히 넣을 수 없기에, 관찰은 언제나 놀라움을 가져다준다. 그 놀라움 속에서 다른 교섭을 위한 실마리를 찾을 수도 있다. 이 모든 것은 밖으로 나와 걷지 않았다면 이뤄지지 않았을 일이다. "내가 아니라 멀리 산꼭대기에 선 송전탑을 보고, 아파트 입구에 차단봉으로 눕혀놓은 쇠파이프를 본다. 그리고 그것들이 왜 있는지, 누가 이렇게 해놓았는지 생각한다. 관찰을 시작하면 보이지 않던 것들이 보이고, 내가 아닌 것들의 의미를 다시금 생각하게 된다."[21] 불광천 청둥오리, 청과물가게의 사람들, 버스 기사, 탄핵 집회의 시민들……. 기후위기 속에서 더 나은 길을 찾아내는 여정은 하루아침에 끝나지 않을 것이다. 하지만 함께 걸어갈 수 있는 동료와 이웃이 있다면, 고단하고 기나긴 길도 조금은 쉬워질 수 있지 않을까.

거대한 문제는 멀리서 해결책을 찾는다고 해서 풀리지 않는다. 철학자 존 듀이가 말했듯 "신발 속을 들여다보는 사람만이 어디에 뭐가 있어서 발이 아픈지 안다."[22] 나에게 거치적거리는 작은 문제, 내가 의존하는 구체적인 관계부터

---

[21] 이다, 같은 책, 168쪽.
[22] 브뤼노 라투르·니콜라 트뤼옹, 이세진 옮김, 『브뤼노 라투르 마지막 대화』(복복서가, 2025), 80쪽에서 재인용.

다시 살펴야 한다는 뜻이다. 신발 속 돌멩이 같은 내 영토의 문제를 들여다보고 서로에게 그것을 이야기하는 것은 누구나 할 수 있는 일이다. 그렇게 관찰하고 묘사하고 대화하고 의식을 갖게 되면 자연스레 행동 역량도 생긴다. 거대한 문제에 거대하게 대응해야 한다는 강박을 버려야 한다. 그러한 문제 역시 언제나 작고 사소한 문제들의 결합과 연합으로 이루어져 있기 때문이다. 세상을 움직이는 것은 작은 존재들과 작은 변화들의 연쇄다.

중요한 것은 누가 친구이고 누가 적인지 미리 정해져 있지 않다는 점이다. 그렇기에 예상치 못한 동료를 만나거나 뜻밖의 연대를 발견할 수도 있다. 축산업자가 '온실가스 감축 차원에서 육식 감소는 받아들여야 한다'고 말할 때, 채식주의자 대 축산업자라는 단순한 구도는 무너지고, 두 집단은 서로 다른 방식으로 탄소중립 먹거리 시스템을 고민하는 동료가 된다.

그렇게 다른 영토에서 살아가는 이웃과 만날 때, 기후위기라는 거대한 문제에 대응할 수 있는 작지만 이질적인 연대의 가능성이 열린다. 첫걸음은 멀리 있지 않다. 신발 속 돌멩이를 들여다보듯, 내가 발 딛고 있는 자리에서 시작할 수 있다.

[결론]
이야기를 다시 시작하는 방법

이야기의 끝에서 이야기를 다시 시작해 보자.

지금까지 오늘의 삶을 다시 묻는 일곱 가지 주제를 탐구해 왔다. 노동자의 밤에서 시작해 가족이 있는 곳으로 되돌아가고, 타인과의 대화, 사랑과 돌봄, 학문과 대중이 얽히고설키는 현장을 거쳐 인공지능과 기후위기의 문제까지. 여러 사람의 책을 읽고 나의 경험을 겹쳐 보며, 지금 한국 한복판에서 일어나고 있는 철학을 엮어 보려 했다.

그러나 정작 한 가지 질문을 놓치고 있었는지도 모른다. 아니, 어쩌면 계속해서 질문해 왔지만 정면으로 그 질문과 마주하지 못했던 것 같다. 왜 같은 사실 앞에서 각자는 전혀 다른 결론에 도달하는가? 왜 아무리 설득력 있는 근거를 제시해도 상대방은 마음을 바꾸지 않는가? 기후변화라는 동일한 현실 앞에서 어떤 이가 시급한 탈성장을 촉구하고 어떤 이가 여전히 경제성장을 우선시하는가?

돌아보면 이 질문은 내가 지닌 수년간 편집지들과 함께

해 온 철학책 독서 모임에서 동료들이 늘 제기해 온 문제였다. 일흔 권 넘는 책을 같이 읽고 대화를 나누며 문제의 뿌리와 해법을 함께 고민했다. 분열과 대립이 일상이 된 시대, 서로 다른 진실이 충돌하는 시대에 독자에게 어떻게 말을 걸어야 할까?

동료들 덕분에 최근 깨닫게 된 한 가지 답은 이렇다. 우리는 사실보다 먼저 감정으로 세상을 이해한다. 논리와 증거가 아무리 견고하더라도, 그것이 내면 깊은 곳의 감정과 공명하지 않으면 쉽게 받아들이지 않는다. 그렇기에 이야기를 다시 시작하려면 이 감정의 지층으로 내려가 보아야 한다. 사실과 논리 이전에, 사람들이 왜 그렇게 느끼는지를 더 깊이 들여다볼 필요가 있다.

감정이 들려주는 깊은 이야기

2장 '경주로 되돌아가다'에서 가족과 지역 이야기를 다룰 때 랭스, 김해, 경주 같은 지명이 단순한 행정 경계가 아니라 자부심과 수치심, 애정과 모욕, 양가감정이 켜켜이 쌓인 감정의 지층임을 보았다. 정치적 결정 뒤에는 언제나 말해지지 않은 감정이 숨어 있다.

감정사회학의 선구자 앨리 러셀 혹실드는 미국 우파의

숨은 감정을 탐구하는 『도둑맞은 자부심』에서 자부심과 수치심 같은 감정이 정치에 따라붙는 부가물이 아니라, "오히려 정치가 감정을 담아 전달하는 그릇"이라고 말한다.[1] 정치를 통해 표출된 감정을 이해하려면 사람들이 어떤 경험을 했는지, 무엇을 소중히 여기는지 알아야 한다. 그저 통계나 선거 결과로는 '감정의 정치'를 설명할 수 없다. 그래서 혹실드는 미국 켄터키주 파이크빌로 찾아가 농촌에 사는 백인 블루칼라 남성들과 깊은 대화를 나누며 트럼프와 극우 지지자의 속내를 이해해 보려 했다.

혹실드는 사람들이 정치적 주장 이면에 '깊은 이야기'를 품고 있다고 말한다. 깊은 이야기란 어떤 것을 판단하거나 사실로 확인하기 전에 이미 '그렇게 느껴지는' 이야기, 감정이 들려주는 이야기다. 여기에 사실이나 논리가 끼어들 틈은 없다.

"우파에게는 우파의 깊은 이야기, 좌파에게는 좌파의 깊은 이야기"[2]가 있다. 트럼프를 지지하는 우파의 깊은 이야기는 이렇다. 아메리칸드림을 향해 참을성 있게 줄 서 있는 백인 남자가 있다. 줄은 움직이지 않는데 새치기꾼이 나타난다. 소수자 우대 정책 덕분에 앞서 나간 여성, 흑

---

[1] 앨리 러셀 혹실드, 이종민 옮김, 『도둑맞은 자부심』(어크로스, 2025), 27쪽.
[2] 앨리 러셀 혹실드, 같은 책, 311쪽.

인, 이민자다. 남자를 성차별주의자나 인종주의자라고 비난하는 사람도 늘어 간다. 그러다 트럼프가 그의 도둑맞은 자부심을 되찾아 줄 '좋은' 불량배로 등장한다. 그래서 남자는 트럼프를 편들어 준다.

그렇다면 반대편에 서 있는 좌파, 진보주의자의 깊은 이야기는 무엇일까? 진보 세력은 "그동안 충분한 자부심을 갖지 못했던 집단에게 자부심을 확장하는 방식"[3]으로 사람들에게 호소해 왔다. 여기에 깔려 있는 것은 근대화와 계몽의 거대서사다. 비합리적인 과거에 대한 애착을 떨쳐 내고 온갖 미신과 전통에서 벗어난다면 모두가 자유롭고 평등한 미래로, 어둠에서 빛으로, 계몽으로, 해방된 미래로 나아가는 시간의 화살이 인간을 구원할 것이라고 믿는다. 그렇게 진보주의자는 자신이 깨어 있다고 여긴다.

이렇게 전혀 다른 두 가지 깊은 이야기 사이에서 과연 타협은 가능할까? 많은 경우 둘 사이의 대화는 제대로 이루어지기도 전에 실패하고 만다. 상대가 무지해서 음모론을 믿는다고 여기고 가르치려 들거나, 저쪽의 진술을 편견이나 증오의 산물로 치부하며 대화 자체를 거부하기 때문이다.

더 근본적인 문제는 상대방이 지닌 깊은 이야기의 진위

---

[3] 앨리 러셀 혹실드, 같은 책, 471쪽.

여부만 문제 삼을 뿐, 정작 자신의 깊은 이야기는 투명하고 객관적인 진실인 양 착각한다는 데 있다. 우리는 정치적 선택의 이면에 있는 깊은 이야기로부터 벗어날 수 없는 것일까? 좌파든 우파든 각자의 감정적 서사에 매달린 채 영원히 평행선을 달릴 수밖에 없을까?

 아니다. 결코 그렇지 않다. 깊은 이야기와 거기에 담겨 있는 감정은 변치 않는 운명이 아니라 다시 쓰일 수 있는 하나의 이야기일 뿐이다. 페미니스트 독립연구자 사라 아메드가 말하듯, "감정은 원인이 아니라 효과이기에 판단의 '근거'가 될 수 없다."[4] 감정이 효과라면, 그 효과를 바꾸기 위해서는 효과가 만들어지는 원인, 즉 감정을 낳는 사회 구조와 존재론에 정확히 개입해야 한다. 과감히 한 발짝 더 깊이 내려갈 필요가 있다. 감정이 들려주는 깊은 이야기 '아래'로.

깊은 이야기 아래의 존재론

 진보주의자들은 오늘날 위기에 처해 있다고 느낀다. 더 이상 세상이 빛나는 미래로 나아가지 않고 거꾸로 과거로

---

[4] 사라 아메드, 시우 옮김, 『감정의 문화정치』(오월의봄, 2023), 118쪽.

회귀하는 것처럼 보이기 때문이다. 여성 혐오와 이주민 혐오가 다시 고개를 들고, 권위주의 정치가 부활한다. 진보의 서사를 마음속에 품고 있는 사람이라면 좌절하고 무기력해질 수밖에 없다.

그런데 깊은 이야기 자체가 잘못 짜인 서사라면 어떨까? 보수의 깊은 이야기가 특정 관점에 매몰되어 있는 것처럼, 진보의 깊은 이야기 또한 우리가 실제로 살고 있는 복잡한 세계를 제대로 묘사하지 못한다면? 깊은 이야기를 근본적으로 뜯어고쳐야 한다면?

이것은 깊은 이야기를 또 다른 깊은 이야기로 대체하자는 말이 아니다. 그런 식의 접근법은 담론 대 담론, 서사 대 서사의 대립 구도를 반복할 뿐이다. 그것이 포스트모더니즘의 근본적 한계였다. 모든 것을 '담론'이나 '이야기'의 문제로만 환원하면, 과학적 사실조차 하나의 이야기가 되어 버리고 상대주의의 늪에 빠진다.

이야기의 울타리를 어떻게 넘어설 수 있을까? 세계를 이해하는 더 깊은 층위, 즉 존재론의 층위로 한 걸음 더 내려가야 한다. 바로 이것이 프랑스 철학자 브뤼노 라투르가 『존재양식의 탐구』라는 대작에서 탐구하는 주제다. 깊은 이야기가 감정의 차원에서 세계를 단순화하는 거대서사라면, 그 아래에는 세계를 실제로 움직이는 복수의 '존재양식'이 있다. 라투르는 우리가 살아가는 현실을 단 하나의 진리로 환원하는 대신, 서로 다른 삶의 문법들과 그 정당화의 방식들, 즉 존재양식들을 탐구한다.

라투르가 이렇게 존재를 양식들(modes)로 파악하는 접근은 근대 철학에서 단 하나의 원리에 기초한 존재론을 수립하려 했던 것과 전혀 다르다. 예를 들어 '지하철에 실려 가는 것'과 '이야기의 아름다움에 실려 가는 것'은 서로 다르다. 전자는 기술의 존재양식을 통해 어딘가로 운반되는 것이고, 후자는 허구의 존재양식을 통해 마음속에서 이동하는 것이다. 지하철은 '진짜'이고 이야기는 '가짜'라는 말이 아니다. 지하철과 이야기 모두 실제로 '존재'하는데, 그것들이 '존재하는 방식'은 같지 않다는 것이다.

일단 지하철에 탑승하면 나는 원하든 원치 않든 지하철에 의해 운반된다. 한편 허구의 이야기는 그 이야기에 실려 "이동되고 있는 사람들이 염려를 잃자마자 작품이 완전히 사라지기 때문에 허구적인 것"이다.[5] 다시 말해 이야기는 나의 염려와 참여, 수용과 돌봄이 없다면 사라져 버린다. 이야기는 나를 연루시킴으로써 나에게 주체성을 선물한다. 지하철에서 하차하면 지하철은 나와 무관한 것이 되지만, 이

---

[5] 브뤼노 라투르, 황장진 옮김, 『존재양식의 탐구』(시월의책, 2023), 369쪽.

야기는 내가 그것에 붙잡히는 만큼 '나'를 생성하고 변화시킨다. 때로는 이 강력한 연루의 힘 때문에 위험에 처할 수도 있다. 이야기에 깊이 몰입해 대안적 진실이나 진영 논리에서 빠져나오지 못하게 되는 것이다. 이때 이야기는 나를 특정한 감정과 서사에 가두어 현실을 가리는 '안개 기계'로 변질된다.

이러한 존재양식의 차이와 변질은 비단 기술과 허구의 세계에만 한정되지 않는다. 과학, 정치, 법, 종교, 경제와 같은 인간 활동의 영역들도 각기 고유한 방식으로 존재하며, 서로 다른 행위 과정과 진리의 문법을 따른다. 과학은 증거의 재현으로, 정치는 타협과 대표로, 법은 사건과 행위의 연결로 작동한다. 각 존재양식은 고유한 진리 조건을 가지며, 실험실의 논리가 법정에서 통하지 않듯이 기도실의 진리가 시장의 진리와 같을 수 없다.

이렇듯 사람들은 법적, 예술적, 종교적, 정치적, 과학적 존재양식을 아무렇지도 않게 가로지른다. 가정에서는 이런 사람이지만, 직장에서는 저런 사람이고, 정치 공동체에서는 또 다른 사람이 된다. 라투르가 말하듯 "주체는 하나의 구성 요소가 아니라 모든 양식을 동시에 수용하고 번역하는 통로"[6]이기 때문이다. 우리는 하나의 이야기가 아니라 여러 존재양식을 번역하고 조율하며 살아간다.

문제는 근대화의 깊은 이야기가 다양한 존재양식의 현실을 억압하고, 오직 하나의 직선적 서사, 곧 계몽과 진보의 이야기로 세계를 통합하려 했다는 데 있다. 자신을 '근대인'이라 여기는 사람들은 서로 다른 존재양식들이 품고 있는 고유한 감정과 현실을 '비합리적'이라 몰아붙이면서 기술적 효율성, 경제적 수익성, 과학적 객관성만을 합리적 규범으로 내세웠다. 전통은 타파해야 할 구습이 되었고, 종교는 미신이 되었으며, 공동체의 애착은 진보를 가로막는 장애물로 치부되었다.

그러나 전속력으로 나아간 진보는 그 반동 효과로 거대한 퇴보를 낳았다. 근대적 계몽의 서사는 가능한 한 빨리, 가능한 한 많은 사람을 '깨우치려' 했지만, 정작 그 결과는 반동과 반발, 극우의 성장이었다. 기후위기도 다르지 않다. 가능한 한 빨리 성장하려다가, 가능한 한 많이 개발하려다가 마침내 되돌리기 어려운 기후 파국에 이르렀다.

오늘날 탈진실 상황에서는 각각의 존재양식을 존중하지 않고 모든 것이 진영 논리로 환원된다. 과학적 사실마저도 '진보 진영의 무능' 혹은 '보수 진영의 음모'로 다뤄지는 것이다. 법적 판결이나 예술적 표현조차 정치적 입장으로

[6] Bruno Latour, "Comment réinstituer les sujets", modesofexistence.org, 2014.07.28.

재단되고 만다. 이런 상황에서는 더 많은 정보와 근거를 제시하는 계몽의 태도나 더 강한 도덕성을 내세우는 방식으로는 다른 사람들의 마음을 돌릴 수 없다. 감정이 들려주는 깊은 이야기의 방향을 바꾸려면, 각기 다른 감정과 현실을 만들어내는 존재양식들 각각의 합리성에 접근해야 한다.

결국 과거와 같은 속도의 빠른 진보는 더 이상 불가능하다. 과거는 단순히 폐기된 것이 아니라 다시 돌아오고 있다. "우리 뒤에 애착이 있고 우리 앞에는 훨씬 더 많은 애착이 있다."[7] 그 누구도 애착에서 벗어나 완전한 해방으로 나아갈 수 없다. 그 모든 애착을, 그 모든 영토를 진지하게 고려해야 한다. 근대화는 끝이 났고, 진보의 깊은 이야기도 종언을 맞이했다. 이야기를 다시 시작할 시간이다.

우리도 그들처럼

『존재양식의 탐구』 한국어판을 출간하고 나는 독립연구자 박성관과 대담을 한 적이 있다. 2024년 세상을 떠나기 전 그가 남긴 대담 후기는 『존재양식의 탐구』가 추구하는 기획의 정수를 정확히 짚어 낸다. 선생은 후기에서 이렇

---

[7] 브뤼노 라투르, 황장진 옮김, 『존재양식의 탐구』(사월의책, 2023), 32쪽.

독한다. 그러니 '그들도 우리처럼'이 아니라 '우리도 그들처럼'이다. 우리는 예술 작품을 만들지만, 그들은 자신들의 몸과 마음을 예술 작품으로 만든다. 그게 바로 동식물의 진화에서 탄생한 향기, 맛, 빛깔과 온갖 형태들, 촉감들, 노래들이다.[8]

우리 인간이 생각하는 방식대로 숲과 동물이 생각하는 것은 아니다. 그러나 우리에게서 생각이라고, 언어라고, 예술 작품이라고 불리는 것은 그들에게도 이미 존재한다. 다만 다른 방식으로 존재할 뿐이다. 존재양식이 다른 것이다. 그래서 강한 전회가 필요하다. '그들도 우리처럼'이 아니라 '우리도 그들처럼' 행하고 있다고 거꾸로 바라보면 어떻게 될까? 그러면 우리는 비로소 우리 자신의 인식론적 한계와 깊은 이야기를 넘어서 우리가 행하는 실천들을 다른 관점에서 다시 볼 수 있게 된다.

누군가를 비난하거나 비판할 때 거의 반자동적으로 나오는 "그들도 우리처럼 해야 한다."라는 계몽의 문장을 멈추고, "우리도 그들처럼 하고 있다."라는 외교적 문장으로 바꿔서 다시 말해 보자. 즉 우리가 지닌 기준을 상대를 판단

[8] 박성관, 「과학책으로 수다 떨기: 브뤼노 라투르와 존재론적 전회」, 《한국연구》, 2024.02.29.

하기 위한 이론적 자원으로 당연시하는 것이 아니라, 거꾸로 상대가 지닌 기준을 우리를 평가하기 위한 대화의 주제로 삼아 보는 것이다.

하나의 연습으로 극우 세력 지지자에 대해 "그들도 우리처럼 이성적으로 생각해야 한다."라고 말하지 말고, "우리도 그들처럼 감정으로 정치를 판단하고 있다. 단지 깊은 이야기가 다를 뿐이다."라고 말해 보자. 기후위기를 부정하는 사람에 대해 "그들도 우리처럼 과학을 신뢰해야 한다."라고 말하는 것이 아니라 "우리도 그들처럼 불안하다. 우리는 기후위기가 두렵고, 그들은 생계가 두렵다."라고 말해 보자.

이 연습은 상대를 계몽의 대상이 아니라 동등한 협상의 주체로, 적이 아니라 잠재적 동료로 보게 만든다. 이는 또한 '존재양식의 탐구'라는 기획을 이해하고 실행하기 위해 왜 강한 전회의 시점이 필요한지를 알려 준다. 다른 존재양식, 다른 존재론과 동등한 자리에서 만나려면 '우리도 그들처럼' 생각하고 행동해야 하기 때문이다.

그리고 이것은 라투르가 대칭적 인류학의 태도를 요청하는 이유이기도 하다. 라투르는 『우리는 결코 근대인이었던 적이 없다』에서 자연과 사회, 전근대와 근대의 대분할이 현실을 제대로 묘사하지 못한다고 말한다. 그러한 이분법은 근대인이 "자신들을 근대적이라고 간주하는 한에서 티지들과 맺는 특수한 관계를 정의"[9]할 뿐이다. 이때 '전근대인'으로 간주되는 타자에 대한 인류학, 곧 근대인의 시선은 비대칭성을 벗어나지 못한다.

근대인이 타자를 이해할 수 없는 존재로 규정하고, 그들과의 소통이 불가능하다고 단정하고, 그들을 선 바깥에 있는 전근대적 존재로 내몰 때, 이는 타자가 그런 속성을 정말로 가지고 있기 때문이 아니다. 근대인이 타자를 '전근대'라는 칸에 집어넣고 그들과의 모든 연결 고리를 지워 버렸기 때문이다. 타자와 근대인 사이에 있는 온갖 소통의 통로를 사전에 차단한 채, '우리'와 '그들'이라는 이분법적 대립 구도를 상상 속에서 만들어 내고 있는 셈이다. 예컨대 토속 신앙을 '미신'으로 규정하는 순간 그 안에 담긴 생태 지혜나 공동체 윤리를 볼 수 없게 된다. 우리가 그들을 이해할 수 없는 게 아니라, 이해할 통로를 스스로 막아 버린 것이다.

'그들도 우리처럼' 생각하고 행동해야 한다고 여기는 한, 이 폐쇄적 상황에서 탈출할 길은 없다. 오직 '우리도 그들처럼' 생각하고 행동한다고 여길 때만, 그들의 입장에서 우리의 상황을 재해석할 때만 이 불모의 대립에서 빠져나올 수 있다. 우리가 보는 그들이라는 근대적 서사의 틀에서 벗

---

[9] 브뤼노 라투르, 홍철기 옮김, 『우리는 결코 근대인이었던 적이 없다』(갈무리, 2009), 259쪽.

어나 그들이 보는 우리라는 대칭적 인류학을 실천해야 하는 이유다. 라투르가 말하듯 진정한 비교가 가능하려면 "근대인과 비근대인 사이를 자유롭게 왕복할 수 있을 정도로 대칭적이어야 한다."[10] 이런 시점의 전환이 '탐구'의 출발점이다. 요컨대 상대를 바꾸려 하기 전에, 먼저 나의 시선을 바꾸는 것이다.

외교로서의 철학

이야기의 출발점으로 돌아가 보자. 왜 같은 사실 앞에서 각자는 전혀 다른 결론에 도달하는가? 감정이 들려주는 깊은 이야기 때문만은 아니다. 바로 사실과 가치, 존재양식들이 뒤섞여 버린 범주 오류 때문이다. 철학에서 범주란 세계를 구분하고 의미를 구성하기 위해 사용하는 기본 틀을 가리킨다. 상대의 말을 정확한 범주로 파악하지 못할 때 범주 오류가 발생하고, 같은 사실이 각자에게 전혀 다르게 다가온다.

어떻게 범주 오류를 넘어설 수 있을까? 라투르는 다른 사람들과 함께하는 공동 탐구가 핵심이라고 말한다. "우선

---

[10] 브뤼노 라투르, 같은 책, 234쪽.

우리는 어떤 것을 다른 것으로 착각할 때 우리가 저지르는 오류를 기록할 것이며, 그 후에 대화 상대가 우리를 바로잡아주고, 우리는 때로는 고통스러운 테스트를 통해 향후 유사한 상황에 계속 적용해야 할 '해석의 키'를 바로잡아야 한다."[11]

이 말이 너무 추상적으로 들린다면, 우리가 이미 익숙하게 겪고 있는 문제를 생각해 보자. 7장 '신발 속 돌멩이를 들여다보며'에서 다룬 기후위기의 문제다. 왜 과학의 명백한 경고에도 불구하고 사람들은 행동하지 않는가? 흔히 이것은 비합리성, 무지, 이기심으로 설명된다. 그러나 라투르의 논의를 경유하면 전혀 다른 풍경이 보인다.

문제는 사람들이 과학을 믿지 않는 것이 아니라, 과학적 진술을 다른 존재양식의 관점에서 파악한다는 데 있다. '2030년까지 탄소 배출을 50퍼센트 감축해야 한다'는 기후과학의 진술은 어떤 이에게는 경제적 생존의 위협으로, 어떤 이에게는 정치적 통제의 강화로, 또 어떤 이에게는 도덕적 비난으로 들린다. 이것은 그저 오해가 아니라, 라투르가 말하는 범주 오류다. 이쪽에서 과학의 언어로 말할 때 상대는 경제의 언어, 정치의 언어, 도덕의 언어로 듣고 있는 것

---

[11] 브뤼노 라투르, 황장진 옮김, 『존재양식의 탐구』(사월의책, 2023), 85쪽.

이다.

　플라스틱 사용을 줄이자는 캠페인을 보자. 이 캠페인은 환경보호라는 과학적 근거에 기반을 두지만, '플라스틱을 사용할 때 당신은 지구를 파괴하는 사람'이라는 도덕적 판단으로도 작용한다. 과학의 존재양식에서 도덕의 존재양식으로의 은밀한 이동이 일어난 셈이다. 그런데 플라스틱 빨대를 사용하지 않을 수 없는 장애인에게 이 캠페인은 전혀 다른 방식으로 다가온다. 그에게 이것은 무엇보다 자신의 생존이 걸려 있는 문제다.

　플라스틱 제로 캠페인에 대한 장애인의 저항은 이기적이거나 환경 의식이 부족한 것이 아니다. 그것은 생존의 존재양식에 따른 고유한 감정과 현실의 표현이다. 마찬가지로 탄소세를 걱정하는 자영업자의 불안도, 심지어 기후변화를 부정하는 사람의 두려움도 각자의 존재양식 속에서 그 나름의 합리성을 가진 감정이다. 오류는 이 감정과 현실을 '비합리적'이라고 일축하거나, 과학적 객관성만을 유일한 판단의 척도로 삼는 데 있다.

　라투르가 제시하는 해법은 서로 다른 존재양식을 명확히 식별하고, 각각의 고유한 논리와 현실을 존중하면서 번역과 협상의 공간을 여는 것이다. 플라스틱 문제에 관해서는 정치의 영역에서 재활용 인프라 구축이, 생존의 영역에서 장애인 접근성 보장이 충분히 고려되어야 한다. 경제의 영역에서는 대체재 개발의 비용과 편익이, 도덕의 영역에서는 환경에 대한 책임과 타인의 필요를 함께 고려하는 배려의 윤리가 논의되어야 한다. 각각의 존재양식은 서로 다른 진리의 문법을 가지고 있으며, 다른 것으로 환원될 수 없다.

대화가 막히는 곳에는 언제나 이런 범주 오류가 있다. 과학의 진술을 도덕의 명령으로 제시하거나, 정치의 협상을 과학적 진위 판단으로 환원할 때 우리는 대화의 가능성 자체를 닫아 버리게 된다. 여기서 오류를 바로잡아 줄 수 있는 사람은 바로 대화 상대다. 그가 소중히 여기는 것에 대해 우리가 범주 오류를 범한다면, 느린 대화를 통해 각기 다른 존재양식의 범주를 배워 나가야 한다. 올바른 해석의 열쇠가 있다면 그 사람의 마음도 열릴 수 있다.

탄소세를 걱정하는 자영업자에게 "기후과학을 공부하세요!"라고 말하는 것은 범주 오류가 된다. 해야 할 일은 그를 계몽하는 것이 아니라, "어떻게 하면 기후위기에도 대응하고 자영업자의 생계도 보장할 수 있을까?"라는 정치의 존재양식으로 협상을 시작하는 것이다. 그가 비록 틀릴 수 있지만 나의 범주 속에서가 아니라 그의 범주 속에서 틀려야 한다.

이것은 오류의 교정이 아니다. 타인의 존재양식에 맞

게 나의 범주를 수정하는 윤리적 훈련이며, 때로는 존재론적 훈련이다. 3장 '말이 어긋나는 시대에 말 걸기'에서 살펴본 것처럼, 타인의 말과 이야기를 진지하게 받아들이기 위해서는 나 자신의 이론과 언어까지도 바꿀 수 있어야 한다. 이 점에서 라투르가 말하는 공동 탐구란 서로의 존재양식을 배워 나가는 느린 외교 행위다.

분명한 것은 '내가 맞고 너는 틀렸다', '내가 가르쳐 주겠다' 같은 태도로는 상대의 감정이나 존재양식을 바꿀 가능성이 전혀 없다는 것이다. 참과 거짓을 판단할 수 있는 여러 척도가 존재한다는 현실을 인정하고, 우리가 지닌 깊은 이야기가 현실을 단순화하는 편리한 거대서사임을 직시할 수 있다면 타협과 협상은 언제든 가능하다. 결국 라투르가 제시하는 탐구의 길은 대화 상대방에게 잘 말하는 기술을 습득하는 일이다.

정치적 대화가 잘 이루어지지 않았던 이유를 라투르는 명확히 지적한다. 그것은 과학과 정치 사이의 범주 오류다. 적절히 구부러진 정치적 말하기를 통해 이루어져야 할 느린 협상을 직선적인 말로, 진리나 선악의 관점으로 해결하려고 할 때 대화는 멈추고 경멸만이 남는다. 그러나 정치에서는 "직선적인 이야기는 무용하다. 우리는 이동의 자유가 있어야 하고 능숙해야 하고 유연해야 하며 다른 진리진술의 제약 없이 자유롭게 말할 수 있어야 한다."[12] 과학적 사실을 존중하는 동시에 의견이 다른 사람들과도 합의의 길을 만들어 낼 수 있는 정치 고유의 유연한 역량을 발휘해야 한다. 모든 것을 과학적 객관성이나 도덕적 진정성의 이름 아래 직선적으로 밀어붙이는 순간, 정치 고유의 존재양식과 진리는 사라지고 만다.

이야기를 다시 시작하자

비평가 윤아랑은 『뭔가 배 속에서 부글거리는 기분』에서 '긍정한다는 것'이 어떤 것인지를 정확히 이야기한다. 긍정한다는 것은 단순히 긍정적인 것과는 다르다. 더러운 것을 외면하고 예쁜 것에만 주의를 돌리는 일도, 세상 모든 것을 낙관적으로 수긍하는 일도 아니다. 그것은 부정성과 함께하는 긍정이다. 이때 "긍정하기는 '나'를 복수화하는 데에서 시작해야 한다." 그 과정에서 일견 서로 모순되어 보이는 이질적인 면들조차 세계의 일부로 경험하게 된다. 따라서 "긍정한다는 건 대상을 또 세계를 복수화해 대하는 일이기도 하다. 그렇다면 긍정의 진정한 대상은 대상 자체가 아니

---

[12] 브뤼노 라투르, 같은 책, 506쪽.

라 상이한 힘들이 대상에서 맺는 관계일 테다."[13]

'그들도 우리처럼' 생각하고 행동해야 한다고 여길 때, 우리는 우리의 이야기로 상대를 판단한다. 여기서 상대는 우리가 지닌 칸 속의 배치로 환원된다. 그들은 모두 구조의 희생자가 된다. 그런데 라투르가 말하듯 "우리가 '구조'라고 부르는 것은 우리가 사물을 멀리서 전체적으로 고찰할 때 우리의 무지에서 나오는 것에 불과하다!"[14] 사물을 가까이서 본다면, 구조 같은 것은 어디에도 없다. 거기에 있는 것은 얽히고설킨 실타래뿐이다. 이 점에서 우리도 그들과 정확히 마찬가지다. 누구도 결코 근대인이었던 적은 없다. 누구도 이 얽히고설킨 연결망과 영토 바깥에 있지 않다.

'우리도 그들처럼' 생각하고 행동한다고 여길 때 나는 복수화되고 세계도 복수화되며, 우리는 깊은 이야기에서 벗어난 상이한 힘들의 관계를 만나게 된다. 겉보기에 역설이나 모순처럼 보이는 것들을 비로소 긍정하고 또 다른 존재양식을 발견한다. 이 긍정하기를 통해서 마침내 다른 것으로 환원되지 않는 존재양식들을 공유하고 서로 이야기할 수 있게 된다. 그럼으로써 타협의 여지를 찾고, 외교의 공간을

[13] 윤아랑, 『뭔가 배 속에서 부글거리는 기분』(민음사, 2022), 10쪽.
[14] 브뤼노 라투르, 이상률 옮김, 「사회적인 것에 대한 또 하나의 과학?」, 가브리엘 타르드, 이상률 옮김, 『모나돌로지아 사회학』(이책, 2015), 12쪽.

발견하며, 각자의 영토를 존중할 수 있다.

이야기를 다시 시작하는 방법이 바로 여기에 있다. 외교의 위험을 두려워하지 않고 대화 상대방이 "정말 중요하게 여기는 것에 대해 잘 말하는 법을 배우는 일"[15]이다.

누구도 자신의 관점을, 자신의 영토를 포기할 필요는 없다. 각자의 자리에서, 자신이 위치한 곳에서 이야기할 필요가 있다. 우리가 사는 인류세 시대는 우리가 의존하고 있는 세계들과 행위자들을 새로 묘사하고 다시 관계 맺을 것을 요구한다. 어떤 것도 단지 과거의 것으로 밀어낼 수 없다. 우리를 만든 영토의 기억들, 나를 만든 경주의 기억들을 없는 것으로 만들 수도, 무시할 수도 없다. '나는 누구인가'는 내가 무엇에 의존하느냐가 정의하기 때문이다.

이러한 영토 협상에서 겸손한 태도는 필수다. 전쟁 지도자의 호전적 태도와 달리, 이웃과의 협상에서는 동등한 자리에서 동등한 방식으로 말해야 한다. 물론 현실의 협상에는 무시할 수 없는 힘의 차이가 존재한다. 강대국이 약소국에 총칼을 앞세우거나 고용주가 노동자에게 일방적으로 연봉을 제시할 때도 있다. 하지만 겸손한 협상은 고정된 권력 구조가 아니라 유동하는 힘들의 관계에 주목한다. 협상

---

[15] 브뤼노 라투르, 황장진 옮김, 『존재양식의 탐구』(사월의책, 2023), 81쪽.

테이블에는 당사자만이 아니라 법, 기술, 여론, 제도, 자연환경, 유행 등 수많은 행위자가 개입하며, 약자는 이 복잡한 연결 속에서 어떤 행위자와 동맹을 맺느냐에 따라 힘들의 관계를 바꿀 수 있다. 5장 '우리는 어항 속 금붕어가 아니다'에서 본 것처럼, 제사 문화의 변화는 참여자들의 작은 협상 속에서 서서히 일어났다. 이 변화에는 페미니스트들의 문제 제기, 항공 산업의 발달, 명절 여행 문화의 확산 같은 수많은 외부 행위자들도 개입했다.

겸손은 이러한 힘들의 복잡한 얽힘을 인정하고, 세계를 단순화하지 않으려는 태도다. 나의 머릿속을 벗어나 현실을 구성하는 상이한 힘들을 관찰하고, 저마다 다른 힘을 발휘하는 존재양식들과 새롭게 교섭하기 위한 첫걸음이다. 어떤 태도로 말을 거는가에 따라 협상과 동맹의 가능성은 열리거나 닫힌다. 따라서 겸손한 정치, 겸손한 과학, 겸손한 기술, 겸손한 경제는 필수적인 과제가 된다. 라투르가 말하듯 "사회는 서로 다른 모든 양식을 겸손하게 대하며 단순한 구성에서 출발해 '생태적' 문명을 창조해야 한다는 이해에 도달해야"[16] 한다.

이제 이야기를 다시 시작하자. 나의 동료, 나의 이웃,

---

[16] 브뤼노 라투르·니콜라 트뤼옹, 이세진 옮김, 『브뤼노 라투르 마지막 대화』(복복서가, 2025), 62쪽.

나의 적과의 깊은 대화, 느린 대화를. 작은 규모의 협상들이 세상을 변화시킨다. 내가 이 책에서 보여 주고자 했던 것은 세상의 변화가 바로 옆 사람과의 대화, 동료에게 말 걸기에서 시작된다는 것이다. 빠른 비판은 적을 만들지만, 느린 대화는 동료를 만든다. 당신은 어떤 세계에서 살고 싶은가?

[감사의 말]

이 책은 2025년 3월부터 10월까지 반년간 쓰였다. 하지만 책에 담긴 고민은 2022년 8월 구미 삼일문고에서 열린 『철학책 독서 모임』 북토크에서 시작되었다. 그때 나눈 대화가 이 책의 핵심 주제인 두 세계 사이의 대화로 이어졌다. 그날 들려주신 말씀들이 여전히 기억에 남는다. 그 말들에 조금이나마 응답했다면 더할 나위 없이 기쁘겠다.

이 책은 내가 쓴 두 번째 책이다. 전작과 마찬가지로 신새벽 편집자가 기획을 제안하고 편집을 맡아 주었다. 그가 없었다면 세상에 나올 수 없을 책이다. '동료에게 말 걸기'라는 제목을 지은 것도, 동료와의 대화라는 이념을 제시한 것도, 실제 대화 속에서 뼈 있는 조언으로 나를 일깨워 준 것도 그였다. 평화로운 대화만은 아니었다. 때로는 크고 작은 의견 충돌도 있었고 자존심이 부딪히기도 했지만 그만큼 서로를 더 깊이 이해하게 되었다. 그런 의미에서 이 책은 공동 창작물로 보아도 무방하다. 나는 첫 책의 '감사의 말'에

2023년부터 고양시 한양문고에서 독서 모임을 진행하고 있다. 같은 지역에 사는 분들과 책 이야기를 나누는 것은 정말 즐거운 일이다. 그 자리를 지속해서 이어 주시는 김정철, 남윤숙, 박미나, 백승현, 장은옥, 한봉희 선생님에게 감사드린다. 책의 선정과 발제를 맡은 간사로 활동하며 배운 바가 크다. 이 책의 초고를 실전 연습하는 소중한 시간이기도 했다.

　예전만큼 활발히 참여하지 못하지만 여러 세미나와 공부 모임을 통해 여전히 배움과 활력을 얻고 있다. 특히 이자벨 스탱게르스 세미나를 꾸준히 열어 주신 전방욱 선생님에게서 많은 도움을 받았다. 세미나 안팎에서 소중한 생각을 나누어 주신 권무순, 김연화, 김지연, 백우인, 손향구, 안유진, 이광근, 이준용, 장하원, 주기화, 황장진 선생님에게 감사드린다. 브뤼노 라투르 연구회를 열어 주신 김환석 선생님 덕분에 더 깊이 라투르를 공부할 수 있었다. 자크 랑시에르 세미나를 개최하여 새로운 사유의 방향을 열어 주신 강길모 선생님에게도 감사의 인사를 전하고 싶다. 세미나와 공부 모임에 함께해 주시는 모든 선생님들에게 감사드린다. 더불어 한결같은 응원과 지지를 보내 주시는 김경수 영화평론가, 김지원 기자, 문규민 선생님에게 특별히 감사의 말씀을 전한다.

『철학책 독서 모임』 출간 이후 여러 곳에서 철학 강의를 할 수 있었다. 철학 학위도 없는 나에게 강의를 맡기며 지적 능력의 평등이라는 가치를 실천해 주신 선생님들, 그리고 부족한 강의를 끝까지 경청해 주신 수강자들에게 깊이 감사드린다. 강의를 통해 오히려 내가 배우고 깨달은 점이 많았다. 말과활아카데미와 캣츠랩에서 진행한 브뤼노 라투르 철학 독해는 이 책의 단단한 토대가 되었다. 강의 기회를 제공해 주신 말과활아카데미 김선아 선생님에게 머리 숙여 감사드린다. 캣츠랩에서 여러 세미나와 콜로키움을 함께해 주신 고해종, 김상민, 김성우, 김준영, 설동준, 이경미, 박승일, 조익상 선생님에게 특별히 감사드린다. 함께 참여해 주신 모든 선생님들에게 감사의 말씀을 전한다.

이 책에서는 여러 '동료 철학자'의 생각을 내 방식대로 활용하고 있다. 이 자리를 빌려 깊이 감사드린다. 특히 구희, 김관욱, 김영준, 김태우, 고 박성관, 박영진, 배세진, 신성아, 안희제, 유리관, 윤아랑, 윤지로, 이다, 이상길, 이연숙, 이우창, 전현우, 최종희, 하은빈 선생님의 생각과 이야기에서 많은 영감을 얻었다. 이러한 생각을 얻을 수 있도록 책을 만들어 주신 동료 출판인들과 번역자 선생님들에게도 감사의 인사를 전한다.

초고 상태의 원고를 읽고 정갈하고 귀한 추천사를 보내

주신 김성우 선생님에게 감사드린다. "타자의 흔적을 발견하고 그 누구도 삶의 밖으로 밀어내지 않는다."라는 말씀에서 나도 몰랐던 원고의 핵심을 알게 되었다. 아직 교정도 되지 않은 원고를 읽느라 고생이 많으셨다. 원고 전체를 읽고 긴 감상문과 추천사를 보내 주신 전현우 선생님에게 감사드린다. 상세한 지적을 해 주셨지만 내 역량의 한계로 충분히 반영하지 못해 아쉽다. 다음에는 더 좋은 글로 보답하고 싶다. 현재 집필 중이신 교통 삼부작의 마지막 권을 기대하고 있다. 자기 이야기를 담은 소중한 추천사를 보내 주신 김지효 선생님에게 감사드린다. 『인생샷 뒤의 여자들』을 읽고 북토크에 가서 질문을 한 적이 있다. 선생님이 들려주신 답변이 기억에 남는다. "어떤 문화가 이상하고 생경해 보인다면, 그것을 외부자의 입장에서 보고 있기 때문입니다." 인생샷 문화의 내부자에서 경계인으로, 이제는 외부자가 된 자신의 경험을 깊이 성찰했기에 할 수 있는 이야기였다. 이 책은 그 답변에 대한 작은 응답이다.

    매주 함께 운동하는 동료가 되어 주시는 조재경 트레이너 선생님에게 감사의 말씀을 전한다. 책만 읽던 내가 운동의 재미와 깊이를 알게 된 것은 선생님 덕분이다. 같이 운동하며 만든 체력이 없었다면 집필의 시간은 훨씬 길어졌을 것이다. 늘 재치 있는 유머로 운동에 활력을 불어넣어 주시는 김재현 트레이너 선생님에게도 감사드린다.

　이번 책에서 큰 비중을 차지할 뿐 아니라 집필에도 커다란 도움을 준 바로 옆 사람이 있다. 이제 아내가 된 석아영이다. 둘이자 하나였던 연인에서 하나이자 둘인 삶을 함께 나누는 부부가 되었다. 비평가로서 늘 따끔하고 정확한 지적을 해준 덕분에 글이 조금이나마 나아질 수 있었다. 사랑과 돌봄에 관한 장은 아영 없이 결코 쓸 수 없었을 것이다. 아영은 이 책의 심층에 '태도의 문제'가 있다는 진실을 정확히 짚어 주었다. 나의 글쓰기 스승이자 지적 동반자에게 마음속 깊이 고맙다는 말을 전한다. 서로에 대한 사랑과 돌봄을 기꺼이 감당하는 삶을 계속 함께하고 싶다.

　자주 만나지 못해 아쉬운 어머니와 동생 가족에게도 감사드린다. 어머니는 전작을 여러 번 읽으며 격려해 주셨다. 늘 건강하시길 바랄 뿐이다. 동생과 조카들, 제수씨는 만날 때마다 영감을 준다. 자주 만나며 더 깊은 이야기를 나누고 싶다.

　결혼을 하면서 장인어른과 장모님, 처남 내외라는 소중한 인연을 만났다. 지난 추석, 이 책을 마무리하고 있다고 이야기했을 때 진심으로 격려해 주신 장모님의 말씀이 기억에 남는다. 삶의 경험을 들려주신 것도 큰 도움이 되었다. 소중한 인연을 맺게 되어 감사할 따름이다.

다시 한 번 아버지에게는 따로 이야기하고 싶다. 이 책에서 아버지 이야기를 여러 번 다뤘다. 돌아보면 아버지와의 대화는 내가 접한 최초의 '동료와의 대화'였을지 모른다. 세상에 없는 사람과의 대화를 이어 가는 것은 산 사람의 몫이자 소중한 유산이다. 그것은 끝없이 이어질 대화다. 아버지라는 영원한 동료에게 두 번째 책을 바친다.

마지막으로 이 책을 읽으며 함께 답을 찾는 동료가 되어 주신 독자에게 진심으로 감사드린다. 이 책이 여러분 삶 속에서 누군가와 나눌 대화의 작은 씨앗이 되기를 바란다.

[참고 문헌]

고태우, 「대가속의 어두움: 20세기 한국의 역사는 발전의 역사인가?」, 《역사학보》 257호(2023).

구희, 『기후위기인간』(알에이치코리아, 2023).

금동현, 「안녕한 비평」, 한국영화데이터베이스, 2025.04.16.

기시 마사히코, 정세경 옮김, 『망고와 수류탄』(두번째테제, 2021).

김관욱, 『AI가 대체하는, 대체 못하는 노동』(커뮤니케이션북스, 2025).

김성우, 『인공지능은 나의 읽기-쓰기를 어떻게 바꿀까』(유유, 2024).

김영준, 『작가, 업계인, 철학자, 스파이』(민음사, 2023).

김지영, 「야외박물관으로서의 경주 남산 만들기」, 《문화역사지리》 36권 2호(2024).

김태식, 「두 '박통'이 추진한 경주 국책사업」, 《시사IN》 466호, 2016년 8월 24일 자.

김태우, 『몸이 기후다』(경희대학교 출판문화원, 2024).

데즈카 오사무, 김재훈 옮김, 『데즈카 오사무의 만화 교과서』(영진닷컴, 2023).

도미야마 이치로, 송석원·손지연·김우자 옮김, 『폭력의 예감』

 (그린비, 2009).

디디에 에리봉, 이상길 옮김, 『랭스로 되돌아가다』

 (문학과지성사, 2021).

로런 포니에, 양효실·김수영·김미라·문예지·최민지 옮김,

 『자기이론』(마티, 2025).

리처드 로티, 김동식·이유선 옮김, 『우연성, 아이러니, 연대』

 (사월의책, 2020).

박동수, 『철학책 독서 모임』(민음사, 2022).

박성관, 「과학책으로 수다 떨기: 브뤼노 라투르와 존재론적 전회」,

 《한국연구》 2024.02.29.

박승일, 『기술은 우리를 구원하지 않는다』(사월의책, 2025).

박영진, 『라캉, 사랑, 바디우』(에디투스, 2019).

배세진, 『금붕어의 철학』(편않, 2025).

브뤼노 라투르, 홍철기 옮김, 『우리는 결코 근대인이었던 적이 없다』

 (갈무리, 2009).

브뤼노 라투르, 이상률 옮김, 「사회적인 것에 대한 또 하나의 과학?」,

 가브리엘 타르드, 이상률 옮김, 『모나돌로지와 사회학』

 (이책, 2015).

브뤼노 라투르, 박범순 옮김, 『지구와 충돌하지 않고 착륙하는 방법』

 (이음, 2021).

브뤼노 라투르, 김예령 옮김, 『나는 어디에 있는가?』(이음, 2021).

브뤼노 라투르, 황장진 옮김, 『존재양식의 탐구』(사월의책, 2023).

브뤼노 라투르·니콜라 트뤼옹, 이세진 옮김, 『브뤼노 라투르 마지막 대화』(복복서가, 2025).

사라 아메드, 시우 옮김, 『감정의 문화정치』(오월의봄, 2023).

신성아, 『사랑에 따라온 의혹들』(마티, 2023).

신형철, 『몰락의 에티카』(문학동네, 2008).

아니 에르노, 정혜용 옮김, 『아니 에르노: 이브토로 돌아가다』(사람의집, 2023).

아즈마 히로키, 안천 옮김, 『약한 연결』(북노마드, 2016).

아즈마 히로키, 김경원 옮김, 『정정 가능성의 철학』(메디치미디어, 2024).

안희제, 『증명과 변명』(다다서재, 2024).

알랭 바디우, 이종영 옮김, 『조건들』(새물결, 2006).

알랭 바디우, 조재룡 옮김, 『사랑 예찬』(길, 2010).

앨리 러셀 혹실드, 이종민 옮김, 『도둑맞은 자부심』(어크로스, 2025).

에두아르도 콘, 차은정 옮김, 『숲은 생각한다』(사월의책, 2018).

에드워드 리, 박아람 옮김, 『버터밀크 그래피티』(위즈덤하우스, 2025).

에바 페더 키테이, 김준혁 옮김, 『의존을 배우다』(반비, 2023).

위르겐 하버마스, 윤형식 옮김, 『진리와 정당화』(나남, 2008).

유리관, 『교정의 요정』(민음사, 2024).

윤아랑, 『뭔가 배 속에서 부글거리는 기분』(민음사, 2022).

윤지로, 『탄소로운 식탁』(세종서적, 2022).

이다, 『이다의 도시관찰일기』(반비, 2025).

이상길, 『아틀라스의 발』(문학과지성사, 2018).

이상길, 「소수자의 글쓰기와 자기 발명의 윤리」, 디디에 에리봉, 이상길 옮김, 『랭스로 되돌아가다』(문학과지성사, 2021).

이연숙, 『여기서는 여기서만 가능한』(난다, 2024).

이우창, 「안티페미니즘 전략의 형성에서 음모론적 남성성의 등장까지」, 한국성폭력상담소 기획, 『폭주하는 남성성』(동녘, 2025).

이자벨 스탱게르스, 김연화·장하원 옮김, 『다른 과학은 가능하다, '느린 과학' 선언』(에디토리얼, 2025).

이호연·유해정·박희정, 『당신의 말이 역사가 되도록』(코난북스, 2021).

자크 랑시에르, 양창렬 옮김, 『정치적인 것의 가장자리』(길, 2008).

자크 랑시에르, 안준범 옮김, 『프롤레타리아의 밤』(문학동네, 2020).

장강명, 『먼저 온 미래』(동아시아, 2025).

전현우, 『납치된 도시에서 길찾기』(민음사, 2022).

지바 마사야, 박제이 옮김, 『공부의 철학』(책세상, 2018).

최나현·양소영·김세희, 『백날 지워봐라, 우리가 사라지나』(오월의봄, 2025).

최종희, 『대구경북의 사회학』(오월의봄, 2020).

케이트 크로퍼드, 노승영 옮김, 『AI 지도책』(소소의책, 2022).
크리스틴 로젠, 이영래 옮김, 『경험의 멸종』(어크로스, 2025).
팀 잉골드, 김지윤 옮김, 『팀 잉골드의 인류학 강의』(프롬북스, 2020).
팀 잉골드, 김지혜 옮김, 『라인스』(포도밭출판사, 2024).
하은빈, 『우는 나와 우는 우는』(동녘, 2025).

「박정희가 힙한 도시」, 《매일신문》, 2025년 4월 17일 자.
「첫 여성 교정직 서기관 최효숙의 여감방 30년 체험기」, 《신동아》 569호, 2007년 2월 12일 자.

Bruno Latour, "Comment réinstituer les sujets", modesofexistence.org, 2014.07.28.

Bruno Latour, "Défendre la nature : on bâille. Défendre les territoires : on se bouge", *Reporterre*, 2017.11.23.

Michel Callon, *Markets in the Making: Rethinking Competition, Goods, and Innovation* (Princeton University Press, 2021).

Sareeta Amrute, "Of Techno-Ethics and Techno-Affects", *Feminist Review* 123.1 (2019).

岸政彦, 『同化と他者化: 戰後沖繩の本土就職者たち』(ナカニシヤ出版, 2013).

동료에게 말 걸기

1판 1쇄 찍음   2025년 10월 17일
1판 1쇄 펴냄   2025년 10월 24일

지은이   박동수
발행인   박근섭, 박상준
펴낸곳   ㈜민음사
출판등록   1966. 5. 19 (제16-490호)
         서울특별시 강남구 도산대로1길 62(신사동) 강남출판문화센터 5층
대표전화   02-515-2000
팩시밀리   02-515-2007

ⓒ 박동수, 2025. Printed in Seoul, Korea
ISBN 978-89-374-9232-7 03100

*잘못 만들어진 책은 구입처에서 교환해 드립니다.